КАЛЛІОПА.

ТРУДЫ

Благородныхъ Воспитанниковъ
Университетскаго Пансіона

МОСКВА.

Въ Университетской Типографіи.

Печатать дозволяется съ тѣмъ, чтобы по от-
печатанiи, до выпуска въ продажу, представле-
ны были въ Ценсурный Комитетъ, одинъ экзем-
пляръ сей книги для Ценсурнаго Комитета, дру-
гой для Департамента Министерства просвѣ-
щенiя, два экземпляра для Императорской пу-
бличной Библiотеки и одинъ для Императорской
Академiи Наукъ. Ноября 3 го дня 1816 года. И.
О. Профессоръ и Кавалеръ Иванъ Двигубскiй.

ОГЛАВЛЕНIЕ.

Стран.

I. Рѣчь о украшенiи позна-
ній добротою сердца. - 5
II. Стихи ЕГО ВЕЛИЧЕСТВУ
ГОСУДАРЮ ИМПЕРАТО-
РУ, на Высочайшее при-
бытiе въ обновленную Мо-
скву. - - - 21
III. Гимнъ Милосердiю. - 24
IV. О Еврейской Поэзiи. - 27
V. Благодарность. - - 35
VI. Надписи къ портретамъ
Графа Алексѣя Кирилови-
ча Разумовскаго и Павла
Ивановича Голенищева-
Кутузова. - - - 41
VII. Науки. - - - 42
VIII. Лирическая пѣснь Куту-
зову-Смоленскому. - 46
IX. Изреченiя Греческихъ Му-
дрецовъ. - - - 52
X. Мечта. - - - 65
XI. Щастiе уединенной жизни. 65
XII. Разговоръ о путешествiи. 67
XIII. Къ Постуму. - - 77
XIV. Къ Виргилiю. - - 78
XV. Дружба. - - - 79
XVI. Инна. - - - 85

Оглавленіе.

		Стран.
XVII.	Нравоучительныя мысли Томаса. - - - -	91
XVIII.	Цирцея. - - - -	95
XIX.	Гордость. - - -	98
XX.	Утренняя Пѣснь. - -	105
XXI.	Истина, Индѣйская повѣсть. -	107
XXII.	Воклюзскій источникъ.	111
XXIII.	Изображеніе задумчивости.	113
XXIV.	Какъ жить въ свѣтѣ.	115
XXV.	Сирены или удовольствія.	117
XXVI.	Марадъ, Восточная повѣсть. - - -	119
XXVII.	Свѣтскія сужденія pro и contra.	127
XXVIII.	Первая сцена изъ Вольтеровой Трагедіи, Цесарь.	132
XXIX.	Гимнъ Предвѣчному. -	142
XXX.	Опытъ о умѣ и словѣ. -	143
XXXI.	Басни. -	203
XXXII.	Покаяніе, изъ Исаіи. -	205
XXXIII.	Нравоучительныя мысли Ж. Ж. Руссо, -	208
XXXIV.	Гораціева Сатира -	212
XXXV.	Довольство и спокойствіе.	219
XXXVI.	Нѣкоторыя черты свѣтской жизни. -	222
XXXVII.	Боссюэтово изображеніе Принца Конде. -	224
XXXVIII.	Гимнъ. - - -	228

I.

РѢЧЬ

О *украшеніи познаній добротою сердца.*

Знаменитые Посѣтители!

Нынѣ совершаемъ мы годичное торжество наше, дерзая принести Вамъ плоды трудовъ своихъ въ томъ святилищѣ воспитанія, гдѣ болѣе трехъ десятилѣтій образовались умъ и сердце юности, пылающей любовію къ Отечеству. Васъ и прежде срѣталъ въ себѣ вертоградъ сей; Вы и прежде благоволили созерцать зрѣющее древо просвѣщенія. — Но что говорю я? — Сколь многіе, наученные здѣсь долгу гражданина, уже дарами Отечества украшенные, посѣщаютъ і* мѣсто, дабы насладиться пріятнымъ воспоминаніемъ первыхъ дней своихъ, когда они, подъ мирною сѣнію сего благословеннаго крова, отъ

(*) Произнесена однимъ изъ Воспитанниковъ на публичномъ актѣ, бывшемъ уже въ возобновленномъ домѣ Пансіона, 1815 года 22 го декабря.

A

грозныхъ бурей суетной жизни охраненные, вкушали спасительные плоды познаній и наставленій мудрости! Благосклонное сіе возрѣніе на занятія наши оживляетъ духъ нашъ сладостною надеждою, что приспѣетъ время, когда и мы, гласомъ Россіи воззванные, полетимъ пожинать лавры, коими единственно просвѣщенный умъ и доброе сердце вѣнчаются; тогда безтрепетно представъ предъ священный ликъ ея, въ восхищеніи сердца воскликнемъ: повели, Матерь, всѣмъ намъ дражайшая, повели и умереть за тебя: мы умремъ спокойно!

Но мы еще неопытны, мы еще не можемъ исполнить сихъ обѣтовъ; можемъ единственно чувствовать великость своего долга, благоговѣть предъ ликомъ Отечества, коего развѣвающаяся надъ нами хоругвь вѣщаетъ намъ: *доброе сердце краса воспитанія;* — такъ! дерзаю изрещи — сими чувствами горятъ сердца наши. — О если бы ваше вниманіе, ПП. 33, оправдало наши чувства! . . .

Воспитаніе начинается съ самаго рожденія: насъ воспитываетъ природа, развивающая способности; насъ воспитываютъ предметы, отражающіеся въ душѣ нашей; насъ воспитываютъ наставники, научающіе пользо-

ваться дарами Провидѣнія. Щастливъ
тотъ, чей путь жизни усшланъ цвѣ-
тами; щастливъ, кто восхищался пред-
метами любезными; но стократъ щаст-
ливъ, кто возлелѣянъ мудрымъ и до-
бродѣтельнымъ наставникомъ. Жа-
локъ красивый кедръ, извлеченный изъ
нѣдръ своего ливана, на хладномъ СѢ-
верѣ, среди льдовъ, вѣтрами обуревае-
мый. Такъ прелестный юноша часто
вянетъ во цвѣтѣ лѣтъ своихъ, поры-
вомъ неукротимыхъ страстей побѣж-
денный, и ни нѣжность родителей, ни
попечительность Отечества — ничто
не возвоветъ нещастнаго на путь до-
бродѣтели. Тогда познанія питаются
ядомъ порока, человѣкъ становится
крокодиломъ. — Завоеватель Греціи го-
ворилъ мудрецу своего времени: „небо
даровало мнѣ сына — я щастливъ!
Аристотель содѣлаетъ его достойнымъ
и своихъ попеченій и моей любви.“

Нѣжные родители! вамъ извѣстны
слова сіи: ваша заботливость почіетъ
на насъ. И на полѣ войны, и при ал-
тарѣ правосудія, и въ нѣдрахъ семей-
ства — вездѣ сіяетъ юноша съ просвѣ-
щеннымъ умомъ и добрымъ сердцемъ.
Онъ съ улыбкою на устахъ, какъ Май-
ское утро, шествуетъ, съ нимъ радо-
сти и утѣхи; ему сладостно щастіе
ближняго; трудолюбіе его другъ и то-

варицъ неизмѣнный. Но ты, сынъ нѣги и роскоши!.... мрачно и сурово лице твое, грусть и тоска медленно размѣряютъ шаги твои, и каждою минутою жизни упрекаютъ тебя; ты терзаемъ совѣстію, нещастливъ при благополучіи другихъ, ты и весною дней своихъ влачишься на костылѣ дряхлаго недуга, и скоро, скоро смерть умилостивится надъ тобою. Тебѣ открыты таинства Природы, ты удивлялся красотѣ и величію міра, взиралъ на подвиги добродѣтелей, проницалъ завѣсу древности; она, удрученная вѣками, разверзала для тебя уста свои, представляла тебѣ поучительныя свои развалины — и чего ты не вѣдаешь? Но все еще нещастливъ. Къ чемужъ познанія твои? Не суетна ли мудрость безъ добраго сердца? Или въ увеселеніяхъ твое блаженство? Но впереди грозитъ тебѣ растлѣніе души и тѣла. Или думаешь, что богатство и почести оградятъ тебя отъ врага ужаснѣйшаго — совѣсти, тебя терзающей? Но она вездѣ наказуетъ Нещастный! ты не любишь себя и ближнихъ своихъ. Дерзкой! ты не любишь виновниковъ бытія своего и Творца всѣхъ тварей! И земля еще питаетъ тебя? И солнце еще проливаетъ на тебя свѣтъ свой? И небо еще не обрушится на главу твою? се благость Промысла . . . Коріоланъ! смотри: матерь твоя льетъ слезы — ты неистовствуешь; она бользнуетъ — ты злодѣйствуешь; она благотворитъ и злодѣю — ты съ огнемъ и мечемъ идешь противъ родины, противъ согражданъ; за нихъ отъ неистовой руки твоей пріемлетъ язвы грудь, тебя воздоившая. Неблагодарный! мечь Всевышней, праведной мести тяготѣетъ надъ тобою; но всеблагое Провидѣніе ожидаетъ раскаянія: ты еще имѣешь время умилостивить Оное. Возведи, возведи къ небесамъ взоръ свой, лись Всеблагому, преклони колѣна предъ Его величіемъ, оплачь свою дерзость, ступай, отри слезы нещастнаго; онъ умолитъ за тебя; ты примиришься съ самимъ собою и возблагоговѣешь предъ Всемогущимъ.

Такъ, юноша есть младое древо, котораго сѣмя брошено вѣтромъ на распутіи; много ли странниковъ, кои заботливо на него взглянутъ? Родители! Наставники! воспитайте сіе древо, не попустите его увянуть: вы вкусите нѣкогда отъ плодовъ его; — и сколь сладостны плады сіи! Не одна Спарта могла производить Леонидовъ. Не одинъ Римъ могъ рождать Регуловъ. Нѣтъ, къ Праклу и въ колыбель по-

сылаются свыше искушенія, и младе-
нецъ борется съ зміями. Ахиллесъ въ
первый день бытія погружается въ
воды Стиксовы, слабое дитя игра-
етъ уже орудіемъ. Что же нынѣ ме-
жду обагренными кровію скалами Тер-
мопильскими? Согбенное рабство,
дрожащее предъ тѣмъ, кто попу-
скаетъ его не жить, а влачить убій-
ственные дни отчаянія. Что на не-
трепетномъ полѣ Марсовомъ? Робкая
изнѣженность оплакиваетъ блаженство
своихъ предковъ. Мудрое воспитаніе
все совершить можетъ, просвѣщая умъ
и образуя сердце. Вездѣ и во всякое
время являются великіе, если суще-
ствуютъ Отцы-Гораціи, благословля-
ющіе сыновъ своихъ со словами: ,,и
умереть, и умереть за Отечество утѣ-
шительно!" Что возвѣстишь мнѣ, во-
просила добродѣтельная Спартанка
воина, съ битвы пришедшаго? — Пя-
теро сыновъ твоихъ, сей отвѣтство-
валъ, пали на сраженіи. Слабый не-
вольникъ! возразила мужественная:
то ли желаю знать отъ тебя? — Мы по-
бѣдили, повѣдалъ сей воинъ — и восхи-
щенная Спартанка спѣшитъ въ храмъ
молитвенный, воздать безсмертнымъ
благодареніе.

Но отъ чего померкъ блескъ Дер-
жавъ, знаніями сіявшихъ? Что разру-

шило троны сильнѣйшіе? Чѣмъ изгна-
ны изъ среды народовъ искусства и нау-
ки? — Мнѣ представляется маститый
опытъ, чадо древности; указующій
на развалины славы, онъ вѣщаетъ:
,,потомки! вотъ вашъ жребій." Мы не
умѣемъ наслаждаться щастіемъ; меч-
таемъ жить одни, быть щастливыми
безъ другихъ. Хладѣетъ любовь къ бли-
жнимъ, связующая сердца; вмѣстѣ съ
симъ рушатся общества. Добродѣтель-
ный, видя быстроту жизни человѣче-
ской, спѣшитъ воспользоваться каж-
дымъ днемъ и продлить краткое бытіе
свое будущимъ. Ему въ вѣчности яв-
ляется потомство съ вѣнцемъ безсмер-
тія. Отнимите сіе чувство — все
измѣнится: взглядъ человѣка не будетъ
одушевлять другаго; для него исчез-
нетъ прошедшее, ограничится насто-
ящее, не прельстить его будущее: ча-
сы протекающіе мелькнутъ и исчез-
нутъ въ вѣчности — они не украсятъ
часовъ грядущихъ. И какія награды
утѣшатъ нещаснаго въ бѣдствіяхъ
безъ надежды на безсмертіе, на жизнь
новую? И какія казни воздержатъ зло-
дѣя, неожидающаго казней въ буду-
щемъ? Бѣдствія суть искушенія, не-
бомъ низпосылаемыя. Здѣсь-то блиста-
ютъ добродѣтели во всемъ своемъ вели-
чіи. Это свѣтила, густой мракъ но-

щи проницающія. — Устыдитесь гордые мечтатели своихъ умствованій предъ свѣтомъ небеснаго Откровенія. Гдѣ ученье столь великое и вмѣстѣ столь простое? Гдѣ подобная сладость совѣтовъ, чистота нравовъ, величіе правилъ? Укажите мудреца и претерпѣвающаго и умирающаго мужественно. Сократа, Аристида указываете вы? Такъ, сіи мужи и жили и смерть пріяли, какъ мудрые смертные; но единый Спаситель и жилъ и смерть пріялъ, какъ безсмертный, какъ Сынъ Бога.

Дни благоденствія народовъ были вмѣстѣ и днями торжества Религіи, вѣщаетъ намъ опытность (*). Возрите, ПП. СС. на зрѣлище ужасное! Сулла и Марій омываются кровью своихъ гражданъ; Лепидъ превосходитъ въ неистовствѣ Суллу; Неронъ безтрепетно повелѣваетъ вонзить мечь въ грудь своей матери. Неистовые забыли, что и награда и месть на небесахъ. Ни слезы сиротъ, ни моленія вдовицъ, ничто не можетъ смягчить кровожаднаго тигра. Мужественный Брутъ! и ты отчаялся въ безсмертіи, и ты восклицаешь: „добродѣтель ничто.“ Но останови свое заблужденіе,

_____

(*) Разсужденіе о Воспитаніи.

не поноси сего священнаго наименова-
нія. Ты думаешь умереть, погибая
оть злодѣйства неистовыхъ гра-
ждань; — нѣтъ, ты лишь начинаешь
жить!

Нещастливъ человѣкъ безъ наде-
жды на жизнь будущую: скука погру-
жаетъ его въ смертоносную мрачность,
отъ нее рождается страшное чудови-
ще отчаяніе, отчаяніе возноситъ мечь
на главу свою! Что наша жизнь, жизнь
блистательная, роскошная, если она
не безсмертна, не божественна ? Чув-
ства добродѣтели ведутъ мужей вели-
кихъ по трудному пути ихъ долга;
онѣ озаряютъ мрачные дни народовъ;
онѣ становятся утѣхою нещастныхъ;
онѣ посылаютъ невинность въ нашу
колыбель и надежду на безсмертіе въ
могилу. И сколь сладостно, сколь во-
схитительно устремиться наконецъ
въ обитель обѣтованную, въ отече-
ство небесное ! Но быть изгнанни-
комъ онаго — о это ужасно, ужасно !...
Гласъ совѣсти, всегда нами правящій,
есть печать божественной Благодати.
Порочный, избѣгающій казней, избѣг-
нетъ ли тебя, судія справедливый?
Левъ раздираетъ добычу, и спитъ
спокойно: но человѣкъ — преступникъ
чего бы не отдалъ за минуту сна?
Онъ готовъ отдать смерти жизнь

свою; но и смерть отъ него отвращаетъ взоры. Уединеніе, столь любезное добродѣтельному, становится адомъ преступнику. Фуріи исходятъ изъ мрака и терзаютъ сердце его. И вы, надменные мечтатели, хотите усыпить сего бодрственнаго Аргуса? И вы, предавшись слѣпому случаю природы, забыли, чѣмъ оной обязаны? Вы охотно размечаете по вѣтру драгоцѣнный прахъ друзей и родныхъ; вы ожесточились противъ славы и признательнаго потомства? Связи общества вы называете предразсудками, правосудіе злоупотребленіемъ? Вы, корысти и мечтательной свободѣ послушные, разрушаете троны, снимаете оковы съ преступниковъ и налагаете ихъ на бѣдныхъ сиротъ и вдовицъ? Безбожные! вы гордитесь своими мечтательными благами; но вопросите луну, вопросите солнце, кто имъ повелѣлъ проливать на васъ свѣтъ благотворный? Неблагодарные! учитесь благодарности у хищныхъ тигровъ... Смирите стремленье своихъ мыслей. Если вы въ чудесномъ строеніи міра видите премудрость и благость безконечную: остановитесь, и не проницайте нощи, для ума человѣческаго непостижимой; глубина сей нощи предлежитъ Всевышнему; не пробудите на себя громовъ его, въ сей глубинѣ покоющихся. Суемудріе совлечетъ васъ съ прямаго пути. Такъ алчный плаватель, оставляя знакомые берега родины, стремитъ бѣгъ свой по обширнымъ пропастямъ Океана, и бури объемлютъ его чернымъ покровомъ своимъ. Еще многія обязанности ожидаютъ васъ: вѣра указуетъ на небеса; правота обращаетъ васъ къ отечеству. Для васъ, вѣщаетъ оно, воинъ препоясывается мечемъ; судія взимаетъ вѣсы правды; мудрецъ всю жизнь посвящаетъ изслѣдованіямъ истины; земледѣлецъ орошаетъ потомъ своимъ землю — для васъ всѣ подъемлютъ труды великіе: и ужели вы не полюбите ихъ, ужели не обымете братьевъ — согражданъ? Не должно преплывать морей за щастіемъ. Оно тамъ, гдѣ любовь связуетъ сердца. Благодаренья добродѣтельнымъ раздаются отъ одного конца вселенной до другаго. Должно быть Иракломъ: уклоняться отъ обманчивыхъ и суетныхъ прелестей соблазна, послѣдовать Минервѣ - покровительницѣ.

И вотъ храмъ ея Ш. СС. Мудрость и добродѣтель возсѣдятъ на престолѣ. Музы съ лирою Аполлона воспѣваютъ довольство и спокойствіе. Граціи плетутъ вѣнки славы для

питомцевъ Минервы, щастливѣй-
шихъ смертныхъ. Зрѣлище восхити-
тельное, торжество великолѣпное! И
возсѣлъ Сизифъ на камень свой, и ста-
ло колесо Иксіоново, и не скорбитъ
Танталъ, и не терзается Промееей. У
подножія престола и пурпуры, и мечи,
и сокровища. Кто радости толикой и
щастія содѣтель? — *Воспитаніе.* Смерт-
ные! вѣщаетъ оно, будьте справе-
дливы; справедливость есть опора че-
ловѣчества. Будьте добры; доброта
связуетъ сердца. Будьте снисходитель-
ны; вы сами слабые живете со слабы-
ми. Будьте кротки; кротость привле-
каетъ любовь. Будьте благодарны; бла-
годарность питаетъ доброту. Будьте
скромны; гордостью острится жало
зависти. Будьте воздержны, умѣренны,
невинны; ибо невоздержаніе, сласто-
любіе и порочность изроютъ бездны
на пути вашемъ. Прощайте обиды;
ибо мщеніемъ укрѣпляется ненависть.
Благодѣтельствуйте и злодью, дабы
надъ нимъ возвыситься. Везувій перы-
гаетъ пламя изъ нѣдръ своихъ на бѣд-
наго поселянина, какъ бы изъ мести,
что онъ тяготитъ его своей хижиной;
но сей улыбается суровости, и съ цвѣ-
тами въ рукахъ попираетъ главу
исполина!

15

Такъ вѣщаетъ Воспитаніе. Мы ле-
тимъ на крылахъ времени къ блажен-
ству; но забываемъ, что мы живемъ
благостію Провидѣнія, что мы должни-
ки человѣчества. Слѣпцы стремятся за
щастіемъ — но оно обманчиво: приближа-
ются къ нему — и оно съ улыбкою отле-
таетъ. Жить добродѣтельно значитъ
жить и для другихъ. Мы всѣ братія —
и сладостны удовольствія невинныя
для самихъ себя и другимъ непагубныя.
Да привлечетъ насъ человѣколюбіе къ
участи себѣ подобныхъ: да тронется
сердце наше при бѣдствіи другихъ: да
прострёмъ объятія, чтобъ прижать
нещастнаго къ груди своей; будемъ
помнить, что злоба и на насъ льетъ
желчь свою, что всякой нещастной
имѣетъ право на благодѣянія наши.
Ахъ! сколь сладостно плакать вмѣстѣ
съ невинностію угнѣтенною! Сколь
спасительно питаться слезами добро-
дѣтели! А горячность дружбы, а пла-
мень любви родственной? Сіи блага
неизъяснимы. Будемъ ревностными гра-
жданами; ибо отечество покровъ намъ,
сладость бытія нашего. Если и чув-
ствуемъ мы скорбь, да благоговѣемъ
предъ священными его законами. Мы
одолжены ему рожденіемъ своимъ, ро-
жденіемъ нашихъ родителей, всѣми
благами — мы и чада и рабы его. На-

лагаетъ ли оно оковы; посылаетъ ли на битву, для пріятія ранъ и сретенія смерти: нашъ долгъ повиноваться, и во мракѣ темницъ и на кровавомъ полѣ брани — вездѣ велѣнья Отечества священны.

При нынѣшнемъ торжествѣ, въ присутствіи вашемъ СС. ...., какъ предъ лицемъ Отечества, даемъ обѣтъ посвящать все благу общему, и знанія и самую жизнь. Кто другихъ содѣлываетъ щастливыми, можетъ ли самъ быть нещастливъ? И несправедливые не откажутся отъ должныхъ ему наградъ. Такъ блескъ молніи разсѣкаетъ и самый черный покровъ нощи. Если и лишатъ насъ почестей, коими другихъ украшаютъ: кто можетъ лишить награды величайшей, которую доставляетъ намъ совѣсть, источникъ чистѣйшій нашего щастія? Сколь сладостно жить въ покоѣ съ самимъ собою! Сколь сладостно быть чуждымъ и стыда и ужаса и раскаянія! Внимать ли крикамъ людей обыкновенныхъ, когда одобряетъ добродѣтельный? Просвѣщенный человѣкъ съ добрымъ сердцемъ взираетъ окрестъ — и всюду чувствительность воскуряетъ ему ѳиміамъ. Онъ считаетъ жизнь свою не днями, но благодѣяніями; мирно приближается къ брегу другой жизни, и тамъ пріемлютъ его въ объятія изъ объятій благодарности. Воплямъ добродѣтельныхъ внемлютъ Небеса; ихъ и самая смерть вѣнчаетъ безсмертіемъ. Кто станетъ роптать на судьбу свою и завидовать непостоянному блеску порока? Порокъ и не видитъ, какъ верженся въ бездну погибели. И въ позлащенныхъ чертогахъ вельможей, и у престоловъ Царей возсѣдятъ скорбь и страхъ, сіи ужасные мстители и каратели тѣхъ, кои не умѣютъ наслаждаться благами жизни. Проникните глубину души человѣческой: часто подъ обманчивымъ кровомъ таится адъ; это Этна, покрытая льдомъ и буграми снѣговъ, но чрево которой горитъ огнемъ вѣчнымъ. Не видите ли, какъ честолюбіе денно и нощно терзается и ничто не потушитъ огня его? Не видите ли, какъ завоеватель печально торжествуетъ на дымящихся развалинахъ, на унылыхъ пустыняхъ, надъ нещастными жертвами суетной славы, и какъ онъ блестящимъ вѣнцемъ хочетъ прикрыть свои убійства? Смотрите на роскошнаго, всѣ наслажденія истощившаго: онъ страждетъ подъ ярмомъ скуки и пресыщенія — это жалкой Танталъ. Смотрите на корыстолюбца, окаменѣвшаго и не внемлющаго воплямъ нищеты, распростер-

таго на грудахъ золота: онъ томит-
ся страхомъ — это злощастный Про-
меѳей. Смотрите на сластолюбца улы-
бающагося: онъ втайнѣ стонетъ
отъ недуговъ своихъ — это бѣдный
Иксіонъ. Смотрите на алчную зависть:
она радуясь нещастію другихъ, не
умѣетъ уже радоваться своему ща-
стію — это Сизифъ, съ утеса на
утесъ скалу возносящій. А ложь, а ли-
цемѣріе? Одинъ взглядъ истины — и
онѣ поражены. Говорить ли о хладной
неблагодарности, которой добро со-
грѣть не можетъ? Говорить ли о же-
лѣзномъ сердцѣ чудовища, котораго
не смягчаетъ вздохъ бѣднаго стра-
дальца? Говорить ли о душѣ мсти-
тельной, которая въ бѣшенствѣ сво-
емъ себя пожираетъ? Воззрите, если
имѣете довольно твердости взирать
на сіе; воззрите на ихъ сонъ: Фуріи
и Эвмениды съ пламенниками своими
вкругъ ложа ихъ толпятся. Но вы не
можете взирать на сіе равнодушно; а
можете ли ненавидѣть ихъ! Ахъ! они
люди; людей порокъ, какъ хищный
тать, настигаетъ на пути ихъ, и
часто исполины падаютъ подъ тя-
гостью ихъ оковъ.

Друзья - товарищи! Мы готовим-
ся вступить на поприще жизни; а
жизнь есть битва. Нужно бороться

со страстями своими и со страстями
другихъ. Любовь къ славѣ воспламе-
нитъ воображеніе и, подобно чародѣй-
ственной Армидѣ, поведетъ по стезѣ,
розами усыпанной; подъ сими розами
таится змія — ненависть. Здѣсь-то
отъ враговъ да будетъ намъ щитомъ
мужество, отъ злословія молчанье,
отъ клеветы добродѣтель. Пусть по
истинѣ *доброе сердце будетъ красою
нашего воспитанія!*

Воспитаніе! самихъ Небесъ даръ
благословенный! Тебѣ, тебѣ да воску-
рятся наши жертвоприношенія! да
наставишь насъ долгу нашему, чтобъ
достигнуть щастія, тобою обѣтован-
наго! Мудрость! освѣти путь нашъ!
Добродѣтель! сопутствуй намъ въ жи-
зни нашей! Вѣра! воспламени въ насъ
огнь благотворный! Божества великія!
умертвите въ сердцахъ заблужденье и
воскресите разумъ; увлеките ихъ изъ
обманчивыхъ ласканій страстей и на-
учите любить ближняго; внушите
имъ благоговѣніе къ законамъ Всевыш-
няго! —

Отечество! подъ Державою благо-
словеннаго ЦАРЯ ты блаженно! Попу-
ститъ ли Отецъ твой иноплемен-
нымъ народамъ вознестись предъ то-
бою въ благоденствіи?.. Великаго
МОНАРХА десница воздвигаетъ Свя-

Б 2

жилища воспитанія. Его милосердіе, побѣдивъ грозныхъ побѣдителей, привлекаетъ Искусства и Науки со всѣхъ странъ. Подъ Его кровомъ благоденствуютъ Россіяне; въ нѣдрахъ сего благоденствія цвѣтутъ познанія ума; съ сими познаніями возвышается наше щастіе. Въ другихъ странахъ, враждами и крамолами раздираемыхъ, свирѣпствуютъ брани; въ щастливой Россіи, кротостію и милосердіемъ осѣненной, торжествуютъ Музы.

Знаменитые Посѣтители! вознесемъ, вознесемъ духъ нашъ къ Подателю всѣхъ благъ, да возвышается наше блаженство подъ скипетромъ АЛЕКСАНДРА! Проліемъ душевныя моленія ко Премудрому и Всеблагому Промыслу, да въ процвѣтающемъ Отечествѣ и вертоградъ сей процвѣтаетъ!

II.

ЕГО ВЕЛИЧЕСТВУ
ГОСУДАРЮ ИМПЕРАТОРУ,

НА Высочайшее прибытіе

въ обновленную Москву,

Университетскаго Благороднаго
Пансіона, осчастливленнаго въ незаб-
венный 18й день Августа Монаршимъ
посѣщеніемъ,

Всеподданнѣйшее приношеніе.

МОНАРХЪ! ТЫ шествуешь — и щастіе
несешь
Въ градъ бѣдствій и торжествъ, въ сей
градъ благословенной!
Воззрѣніе ТВОЕ Россіянамъ священно;
ТЫ нову жизнь Москвѣ — страдалицѣ даешь.
Такъ солнце томную природу оживляетъ —
Разсѣявъ тучей мракъ, въ величіи горитъ,
На скорбныя поля веселье проливаетъ,
Отраду всѣмъ даритъ.
Надменный врагъ сраженъ — палъ дерз-
кій исполинъ —
Умолкнулъ громъ войны — вознесся мира
Геній,
И вѣчный памятникъ ТВОИХЪ благотво-
реній

Средь окровавленныхъ воздвигнулся рав-
нинъ!
Гдѣ битвъ пожаръ пылалъ, тамъ нивы
озлатились;
Гдѣ въ грудахъ пепл лежалъ войной пож-
женныхъ селъ,
Тамъ села новыя изъ пепла возродились;
Гдѣ раздавался стукъ мечей со свистомъ
стрѣлъ,
Тамъ радость поселянъ печали замѣнила;
Гдѣ ненависть лила въ сердца смертель-
ный ядъ,
Тамъ чистая любовь въ кругу своихъ отрадъ
И на развалинахъ довольство воцарила.
Уже разрушенна Москва обновлена: —
Она красуется, прахъ бранный отрясаетъ,
Дѣла столѣтія въ единый годъ свершаетъ:
Тобой оживлена.
Великій ГОСУДАРЬ! ТВОЙ духъ неуто-
мимый
И тамъ, среди громовъ, врага гдѣ пора-
жалъ,
Добротой Ангельской повсюду предводи-
мый —
И тамъ о щастіи Россіянъ помышлялъ.
Отецъ Отечества! за всѣ ТВОИ дѣянья
Что можемъ мы ТЕБѢ достойнаго воз-
дать? —
Великому ЦАРЮ едино воздаянье:
Гимнъ славы воспѣвать.
Но юнымъ ли нести къ ТВОИМЪ,
МОНАРХЪ, стопамъ

Вѣнецъ, безсмертіемъ и славой сопле́шен-
                                        ной?
Да славитъ цѣлый міръ Владыку полвсе-
                                    лепной,
Который ддаровалъ блаженство всѣмъ зем-
                                    лямъ!
Какъ солнце, освѣтивъ вкругъ Царства всѣ
                                    земныя,
Восходитъ и лучи льетъ въ Полунощный
                                    край:
МОНАРХЪ! и ТЫ, сверша Свой путь
                            въ страны чужія,
На небѣ Россовъ ввѣкъ сіяй!

III.

ГИМНЪ МИЛОСЕРДЮ.

О Милосердіе! нещастныхъ утѣшенье!
Твой вздохъ есть нова жизнь, твой гласъ
    есть сердца плѣнъ!
Во всѣхъ странахъ, отъ всѣхъ тебѣ бла-
    гословенье,
И памятникъ тебѣ въ душахъ сооруженъ.

  Тобой Цари земли и троны процвѣта-
    ютъ ;
Одинъ твой кроткой взглядъ, сражаетъ и
    враговъ ;
И торжества твои потомки прославля-
    ютъ,
И подвиги твои — наслѣдіе вѣковъ.

  Страдалецъ, злобою невинно угнѣтен-
    ный,
Въ ужасномъ бѣдствіи всю жизнь свою
    влачилъ ;
Тоской и горестью убитый, изнуренный,
Въ слезахъ свой мрачный взоръ на небеса
    вперилъ, —

  И восклицаетъ онъ: что жизнь? — жи-
    выхъ могила,
И тотъ живетъ ли здѣсь, кто не хранимъ
    Творцомъ?

Иль Милосердіе судьба уже забыла!
Иль на гонителей умолкъ всевышній громъ!

*

Вздыхаетъ, мучишся и къ гибели стре-
мишся —
Уже въ отчаянъи мечъ роковой вознесъ..,
Но что дерзаешь ты? — Ахъ! воздер-
жись! помнишься,
Страдать есть торжество, велѣніе Небесъ.

*

И Провидѣніе страдальцу посылаетъ
Вдругъ Милосердіе утѣхой для него;
И нѣжности слеза всѣ язвы исцѣляетъ,
И онъ спасителя лобзаетъ своего.

*

Бѣднякъ поселянинъ, судьбой своей до-
вольный,
Внявъ, Милосердію, съ отрадою лечишь;—
И вотъ примѣръ вельможъ и богачей до-
стойный:
Онъ и послѣднее гонивъ съ другимъ дѣ-
литъ.

*

О даръ благой небесъ, какъ древнее свѣ-
тило
Ты блещешь намъ въ пути нещастной
жизни сей.
Велико Божество! Ты ликъ свой отвратило
Отъ ужасовъ земель, отъ лютости людей —

*

И чтожъ? Въ забвеніи природы гл съ
священный!
И Сулла кровію всѣ нивы напоялъ!

В

И въ ярости Неронъ, тиранъ ожесточен-
ный,
Пожарами градовъ свой духъ увеселялъ!
*
Но гдѣ лiется кровь, гдѣ брата братъ
сражаетъ;
Гдѣ жизнь со смертiю воюютъ межъ собой, –
Предстанешь только ты: и кто на брань
дерзаетъ?
И кто не тронется твоею красотой?
*
Кого изъ вѣка въ вѣкъ боготворитъ все-
ленна?
Кому несется гласъ признательныхъ сер-
децъ? . . . .
О Милосердiе! се дань Тебѣ священна!
Тебѣ, Россiянъ Царь, Отечества Отецъ!
*
Великiй АЛЕКСАНДРЪ! вселенной утѣ-
шенье!
ТВОЙ вздохъ есть нова жизнь, ТВОЙ гласъ
есть сердца плѣнъ!
Во всѣхъ странахъ, отъ всѣхъ ТЕБѢ бла-
гословенье,
И памятникъ въ душахъ ТЕБѢ сооруженъ.

Михайло Родзянко.

IV.

О ЕВРЕЙСКОЙ ПОЭЗІИ.

Кромѣ спасительныхъ наставленій мы получаемъ изъ священныхъ книгъ понятіе о вкусѣ, господствовавшемъ за нѣсколько вѣковъ до насъ у народа весьма различнаго съ нынѣшними народами и котораго земля отъ насъ такъ отдалена. Мы находимъ въ нихъ особенный образъ сочиненій, котораго красота поражаетъ и совершенно соотвѣтствуетъ важности и величію предметовъ, его составляющихъ.

Разныя книги Ветхаго Завѣта весьма различаютъ я слогомъ: однѣ принадлежатъ къ Поэзіи, другія къ Прозѣ. Къ послѣднимъ собственно можно отнести всѣ историческія писанія и Моисеевы книги; къ первымъ принадлежатъ: книга Іова, Псалмы Давидовы, Пѣсни Соломоновы, Плачъ Іереміи, большая часть Пророчествъ и даже многіе отрывки изъ еврейской Исторіи.

Не льзя сомнѣваться, чтобы всѣ сіи Поэмы не были въ началѣ сво-

В 2

емъ писаны стихами, или какою ни-
будь мѣрною рѣчью; но какъ настоя-
щее Еврейское произношеніе намъ не
извѣстно, но мы имѣемъ о свойствѣ
сего стихотворнаго языка самое несо-
вершенное понятіе. Отличіе Еврейской
Поэзіи отъ Прозы составляютъ не од-
ни піитическіе обороты, не одинъ
украшенный, или фигурный слогъ, но
и благозвучіе реченій и самое располо-
женіе словъ. Можно сказать, что боль-
шая часть твореній Священнаго Писа-
нія достойны именоваться Поэмами въ
тѣсномъ смыслѣ этого слова; въ нихъ
можно найти и другіе роды сочиненій.

Евреи съ давнихъ временъ начали
заниматься Музыкой и Поэзіей; еще
при Самуилѣ онѣ были внедены въ обще-
народныхъ Богослуженіяхъ, и уже при
Царѣ Давидѣ дошли до послѣдней сте-
пени совершенства. Ни одинъ народъ
не имѣлъ такихъ великолѣпныхъ обря-
довъ, какъ Израильтяне.

Общее расположеніе ихъ Поэзіи не-
обыкновенно и единственно въ своемъ
родѣ. Оно состоитъ въ раздѣленіи каж-
даго періода на два почти всегда рав-
ные члена, которые одинъ другому со-
отвѣтствуютъ какъ смысломъ, такъ
и тономъ. Первый членъ содержитъ
мысль, которая во второмъ разумно-

жается, или только выражается другимъ образомъ; иногда второй членъ противуполагается первому; въ каждомъ членѣ одинакое строеніе, и почти одинакое число словъ. Таковъ тонъ и ходъ Еврейской Поэзіи; на примѣръ, Псаломъ XCVI: *Воспойте Господеви пѣснь нову, воспойте Господеви вся земля; воспойте Господеви, благословите имя Его: благословите день отъ дне спасеніе Его. Возвѣстите во языцѣхъ славу Его, во всѣхъ людехъ чудеса Его. Яко велій Господь и хваленъ зѣло: страшенъ есть надъ всѣми бози. Яко вси бози языкъ бѣсове, Господь же небеса сотвори.* Большею частію сему особенному расположенію переводы наши одолжены тѣмъ, что сохраняютъ еще оборотъ піитической. По сему строенію и порядку можно узнавать слогъ Еврейской Поэзіи и Прозы.

Сей образъ сочиненій, введенной у Евреевъ, заимствуетъ свое начало отъ ихъ обыкновенія пѣть Священные гимны. Они пѣвали ихъ въ сопровожденіи музыкальныхъ орудій, раздѣлясь на два хора, или на два отдѣленія пѣвчихъ и музыкантовъ, и такимъ образомъ одно отдѣленіе пѣло за другимъ; на пр. первое поетъ: *Господь воцарися да радуется земля! Другой хор отвѣчаетъ ему: да веселятся острова мнози! Первой восклицаетъ: облака и мракъ окрестъ Его. Вторый* поетъ ему въ отвѣтъ: *правда и судьба исправленіе престола Его.* Такъ Поэзія ихъ, примаровленная къ Музыкѣ, употреблялась въ общенародныхъ Богослуженіяхъ.

Сіе расположеніе, состоящее въ непрерывномъ соотвѣтствіи перв й части періода со второй, употребляясь у Евреевъ постоянно въ Священныхъ гимнахъ, и во всякой иной музыкаль ой Поэзіи, по обыкновенію распространилась и во всѣхъ ихъ лиричес ихъ твореніяхъ, хотя и не было въ томъ особливой нужды. По сей-то причинѣ мы находимъ въ Пророчествахъ такой же слогъ, какъ и въ Псалмахъ Давидовыхъ; на прим у Исаіи глава IX.

Кромѣ сего отличительнаго свойства Еврейской Поэзіи мы находимъ въ ней красоты другаго рода. Въ ней замѣчаются выраженія сильныя, то ныя, смѣлыя и красивыя. Точность и сила наиболѣе составляютъ ея характеръ. Съ перваго взгляда кажется, что вышеупомянутое расположеніе и періодовъ у Еврейскихъ Поэтовъ д лжно охлаждать слогъ; но способъ, который они употребляютъ, разумножая члены, заста-

вляетъ думать противное. Ихъ рече-
нія кратки; они не терпятъ лишнихъ
словъ, и никогда не останавливаются
долго на однѣхъ мысляхъ. Сему-то бо-
лѣе ихъ Поэзія одолжена своею высо-
костію. Ни въ какихъ твореніяхъ нѣтъ
такого изобилія въ живыхъ и смѣлыхъ
фигурахъ, какъ въ Священномъ Писа-
ніи; нигдѣ не встрѣчается столько
метафоръ, аллегорій, одушевленій.
Чтобы справедливо судить о сихъ фи-
гурахъ, надобно болѣе познакомить
съ предметами, окружавшими Евре-
скихъ Поэтовъ; ибо всякой хорош.
Стихотворецъ заимствуетъ свои изо-
браженія изъ природы, изъ обст...
тельствъ домашней жизни своей. Т.
Евреи почерпали изъ сего источни...
свѣтъ, темнота, древеса, цвѣты
лѣса, поля внушали имъ различныя
украшенія. Кромѣ сихъ общихъ явле-
ній въ природѣ, въ Іудеи были особен-
ные случаи, способствовавшіе къ укра-
шенію слога, напр. нужда въ водѣ во
время жаркихъ мѣсяцевъ дѣлала внезап-
ный дождь, или небольшой источникъ
драгоцѣннымъ, и отъ того въ Еврей-
скихъ книгахъ такъ много говорится о
изсохшей землѣ, о источникахъ. — Кро-
мѣ сего тамъ не рѣдко бываютъ бури,
съ градомъ, молніей, громомъ, страш-
ные вихри, тьма, о которой мы здѣсь

имѣемъ самое малѣйшее понятіе; изъ сихъ ужасныхъ явленій заимствованы многія сильныя украшенія слога; примѣромъ можетъ служитъ Псал. XVIII. Многія изобрѣтенія взяты изъ величественнаго ихъ Богослуженія. Они любили скотоводство, самые Цари не презирали сего занятія; отъ того находятся тамъ описанія, взятыя изъ простой сельской жизни; на пр. въ Псалмѣ XXII. и въ другихъ мѣстахъ; всѣ изображенія Священныхъ Писателей естественны и выразительны. — Читая ихъ, безпрестанно видишь пальмы и кедры Ливанскіе; ихъ мѣстопребываніе, климатъ, нравы, обряды у насъ передъ глазами.

Сравненія Еврейскихъ Поэтовъ кратки; они, такъ сказать, ловятъ ихъ и никогда не распространяются до эпизодовъ, какъ дѣлаютъ Греки и Римляне; отъ того сіи сравненія можно уподобить пламени, происходящему отъ разгоряченнаго воображенія. Таково у Давида прекрасное сравненіе добраго правителя народовъ: Псал. XXIII. *Тотъ, кто управляетъ моимъ народомъ, праведенъ; съ владѣетъ престоломъ — и боится Господа. Онъ подобенъ свѣту утреннему, когда безоблачное солнце возстаетъ изъ за горъ и теплотворными лучами своими возрастаетъ траву, дождемъ орошенную.* Но изъ всѣхъ Піитическихъ фигуръ, украшающихъ и возвышающихъ слогъ Священнаго Писанія, самая смѣлая и высокая есть прозопопея или одушевленіе; нигдѣ нѣтъ толь величественныхъ и разительныхъ. Въ высокихъ изображеніяхъ Священные Писатели одушевляютъ всю природу, особливо, если говорится о дѣяніяхъ Всемогущаго. Такъ говоритъ Іовъ: *Смерть предвидетъ ему. Воды зрѣли Господа — и ужасались; горы зрѣли его — и трепетали; наводненіе исчезло; — бездна издала гласъ свой и простирала къ верху руки свои.*

Вообще можно сказать, что піитическій языкъ Ветхаго Завѣта сильнѣе, смѣлѣе, живѣе всѣхъ прочихъ извѣстныхъ стихотворныхъ языковъ. Тамъ говоритъ само вдохновеніе; предметы не описываются, но ясно представляются глазамъ нашимъ, переходы громки, связь нечувствительна, лица часто перемѣняются. Смѣлая высокость есть характеръ сей Поэзіи. Душа Поэта возвышается въ ней до такой степени, что не находитъ выраженій, которыя бы соотвѣтствовали высокимъ предметамъ, ее занимающимъ.

Главнѣйшіе роды Поэзіи въ Священномъ Писаніи: дидактическій, Эле-

гическій, Пастушескій и Лирическій. —
Къ Дідактической Поэзіи принадле-
жать: притчи, книги Экклезіаста,
нѣкоторые Псалмы Давидовы. Къ Эле-
гической: плачъ Давида о другѣ сво-
емъ Іонафанѣ, и другіе многіе Псалмы;
но совершенное сочиненіе въ семъ родѣ —
есть плачъ Пророка Іереміи. — Пѣсни
Соломоновы прекрасный примѣръ Па-
стушеской Поэзіи. — Лирическая Поэ-
зія, или Поэзія долженствующая сое-
диняться съ Музыкою, встрѣчается по-
всюду въ Ветхомъ Завѣтѣ. Кромѣ много-
численныхъ гимновъ и пѣсней и раз-
ныхъ отрынковъ изъ книгъ истори-
ческихъ, каковы Пѣсни Моисеевы, весь
Псалтирь должно причислить къ сему
роду.

Николай Бобрищевъ-Пушкинъ.

~~~~~~~~~~~~~~~~~~~~~~~~~~~~~~~~~~~~~

V.

БЛАГОДАРНОСТЬ.

О Благодарность, долгъ для смертнаго
                               священной,
Награда добрыхъ дѣлъ заслуги и трудовъ,
И ты могла имъ ть враговъ!
Во всѣхъ странахъ вселенной
Алтарь твой розами и терніемъ покрытъ!
Смотрите! сей слѣпецъ съ увѣнчанной гла-
                               вою,
Одѣтый рубищемъ, покрытый сѣдиною,
        Опершися нь щитъ.
    Во из у своихъ заслугъ, побѣдъ, завое-
                       , ваній —
Здѣсь милостыни ждетъ нещастный Be-
                       лизарій . . . .
Неистовый Неронъ тамъ къ гробу мать
                       ведетъ ;
А здѣсь палъ мертвый Клитъ, пронзенъ
                       рукою друга:
Царемъ забыто все. и дружба. и заслуга!
Тамъ страждущ й Эдипъ подъ игомъ гроз-
                       ныхъ бѣдъ —
Неблагодарности сталъ жертвою нещаст-
                       ною !
Свирѣпыя сердца! ахъ! вамъ ли оправлять
Благотворителей жестокостью у асной?
Не ихъ ли благости отъ бѣдствій васъ
                       хранятъ ? . . . . .

                    *

Андроклъ, повергенный львамъ дикимъ
на съѣденье,
Уже отъ ужаса полмертвый—смерти ждешъ—
Къ нему льва грознаго стремленье:
Кипитъ свирѣпствомъ звѣрь, и страхъ съ
собой несешъ! . . .
Приближился . . . . . и ревъ въ устахъ его
смолкаешъ !
И тихой кротостью взоръ страшный
озаренъ :
Андрокломъ нѣкогда отъ раны исцѣлевъ —
Левъ жизнь ему спасаетъ ! —
И звѣри самые признательность хранятъ,
Уже ли человѣкъ одинъ не благодаренъ ?
Уже ли будетъ онъ, скрывая въ сердцѣ ядъ,
Надъ слабыми — тиранъ, къ друзьямъ сво-
имъ коваренъ ,
И Богу сильному сей червь ничтожный - врагъ?

＊

Творецъ! не Ты ль Своей десницею святою
Ведешъ насъ жизни сей терниистою стезёю,
И въ самыхъ бѣдствіяхъ намъ благъ ?
Прими Ты өиміамъ отъ насъ благодаренья!
Мы подъ рукой Твоей проходимъ море бѣдъ:
Ты въ грусти намъ даешъ отраду утѣшенья,
И въ щастьи видимъ мы твоей щедроты
свѣтъ ;
Такъ къ жизни насъ призвавъ, жизнь нову
обѣщаешъ,
Родныхъ, наставниковъ, родителей, друзей -
И все, что мило намъ , для насъ Ты со-
храняешъ

Десницею своей!

Ты милости лїешь на кровъ сиропъ не-
                              щасшный :
Ты сшалъ имъ самъ ошцемъ, чшобъ имъ
                              благошворилъ !
О Боже ! за Твои намъ благосши всечасны
Досшойно можемъ ли Тебя благодаришь ?—

                    *

А вы , о коихъ мысль исшочникъ ушѣ-
                              шенья ,
Родишели ! оплошъ нашъ вѣрный и со-
                              вѣшъ ,
Не вы ль намъ первые къ Ошцу всего шво-
                              ренья
Признашельносшь въ сердца внушили въ
                              юныхъ лѣшъ ?
Не вы ли первые, забошами шишая
            Дѣнь каждый, каждый часъ,
    Хранили наши дни, себя не сохраняя ?—
И намъ васъ не любишь ! и намъ не помнишь
                              васъ !
Чьи души горесшью шерзались,
Когда вы слышали младенческ й нашъ сшонъ ?
И въ ночи длинныя чьи очи не смыкались,
Когда ошъ нашихъ вѣждъ бѣжалъ въ болѣз-
                              ни сонъ ?
Съ сшраданїемъ дѣшей и ами вы сшрадали !
Въ нихъ сшавише свое вы щасшье, свой
                              покой !
Какъ часшо мы у васъ, улыбкою одной
При самой горесши улыбку исшоргали !
И нашъ невинный взоръ какъ дорогъ былъ
                              для васъ,

Какъ утѣшались вы младенческимъ весель-
                                    емъ !
Когда же приходилъ разлуки скорбный
                                    часъ , —
Съ какимъ вы огорченьемъ ,
Прижавъ насъ ко груди, съ слезами на
                                    очахъ ,
Благословенія отъ Бога намъ просили ,
        И въ дальнихъ сторонахъ ,
    Куда свой путь отъ васъ въ послѣдній
                        разъ мы скрыли,
Очами томными искали насъ вдали ,
И взоромъ, мыслями за нами въ слѣдъ текли!
Иль въ часъ пріятнаго свиданья ,
Когда встрѣчали вы летящихъ къ вамъ
                                    дѣтей
Своимъ родительскимъ лобзаньемъ :
Вашъ голосъ замиралъ, лишь слезы изъ очей
У васъ отъ радости струились ,
И къ небу и сердца и взоры возносились!
И намъ не чувствовать . . . . Ахъ! нѣтъ!
Да сохранитъ Творецъ, спокойное теченье
Дней вашихъ для дѣтей. — До стигнувъ
                        зрѣлыхъ лѣтъ ,
    Дока емъ мы сердецъ своихъ благодаренье,
Которое теперь мы слабы доказать ! —
                        ❋
    Не вы ли насъ ввели во храмъ наукъ свя-
                        щенныи ,
Гдѣ юношей младыхъ наставники почтенны
Насъ учатъ и законъ и правду почитать,
Благоговѣть къ Тебѣ, благотворенье ,

За зло — платишь добромъ,
И въ сердцѣ лишь своемъ
Искать и находишь дѣлъ добрыхъ награ-
жденье?
Они внушаютъ намъ любить свой край
родной,
Гдѣ мы родилися, ростемъ и въ лѣтахъ
зрѣемъ,
Гдѣ мы родителей, друзей своихъ имѣемъ,
Гдѣ предковъ нашихъ прахъ, сокрытый
подъ землей.
Нѣтъ! благодарность къ вамъ въ насъ въ
вѣкъ не истребится,
Наставники младыхъ, неопытныхъ птен-
цовъ!
Въ войнѣ противъ враговъ
Когда питомецъ вашъ предъ всѣми от-
личится;
Иль вѣрный гражданинъ, когда онъ обра-
титъ
Къ себѣ вниманіе полезными дѣлами;
Иль въ обществѣ, въ семьѣ, съ родными
и друзьями
Когда отъ всѣхъ любовь онъ можетъ за-
служитъ —
Тогда онъ скажетъ вамъ: „вотъ ваши на-
ставленья,
„Вотъ плоды совѣтовъ вашихъ намъ!“
И слезы радости, любви и умиленья,
Въ знакъ благодарности тогда польются
вамъ!

Но чѣмъ заплатитъ онъ за ваши всѣ ста-
    ранья,
Когда, исполнивъ долгъ къ Отечеству
    святой,
Онъ удостоится Монаршаго вниманья,
И почестей пойдетъ блистательной сте-
    зей? —

А ТЫ, МОНАРХЪ Благословенный,
Кого боготворитъ Россія, цѣлый свѣтъ
За даръ спокойствія вселенной,
    О Благодарности предметъ!
    Для общ го покою,
Подъ бременемъ заботъ на трудъ, на
    тяжку брань
Ты, правды мечъ пріявъ во длань,
    Потекъ спасительной стезею! . . .
И мирный селянинъ въ объятіяхъ родныхъ,
Безпечный, щастливый, свободой веселится,
    И матъ въ кругу дѣтей своихъ
Отъ яростной войны ихъ смерти не стра-
    шится!
Рѣка народныхъ благъ обильно потекла! —
    МОНАРХЪ! и все ТВОИ дѣла! —
Благотвореньями ТВОИМИ ограждены,
Мы, дѣти въ силахъ ли ТЕБЯ благодарить?
    Но мы даемъ обѣтъ священный
ТЕБѢ, о ЦАРЬ сердецъ, жизнь нашу по-
    святить!

                    Ник. Прокоп. Антонскій.

VI.
НАДПИСИ (*).

КЪ ПОРТРЕТУ
ГРАФА АЛЕКСѢЯ КИРИЛОВИЧА РАЗУМОВСКАГО.

Россійскій Меценатъ, Искусствъ, Наукъ
            Представитель,
И славный предками, и доблестью почтенъ
И таинствъ и чудесъ природы Испытатель
Твой, Разумовскій, ликъ въ сердцахъ за-
            печатлѣнъ !

~~~~~~~~~

КЪ ПОРТРЕТУ
ПАВЛА ИВАНОВИЧА ГОЛЕНИЩЕВА-КУТУЗОВА.

Кто просвѣщенія любовію горитъ,
Кто даръ Поэзіи, сей даръ стяжалъ свя-
            щенный,
И память доблестныхъ безсмертною тво-
            ритъ —
Безсмертенъ тотъ — се Ты, Кутузовъ
            незабвенный !

~~~~~~~~~

(*) Воспитанники Университетскаго Благород-
наго Панси на, руководимые душевною призна-
тельностію, поставили въ залѣ Пансіона пор-
треты Начальниковъ своихъ, коихъ благотвор-
нымъ попеченіямъ одолжены они щастіемъ.

Г

~~~~~~~~~~~~~~~~~~~~~~~~~~~~~~~~~~~~~~~

VII.

НАУКИ.

Аллегорiя.

Въ то время, когда еще Генiи упра-
вляли подлуннымъ мiромъ, думали, что
только Стыдъ и Справедливость посла-
ны были Всемогущимъ для щастiи
смертныхъ; но когда Сатурнъ, послѣд-
нiй изъ Генiевъ, удалился и люди оста-
лись во власти избранныхъ старѣй-
шинъ, то нещастные стали добычею
хитрыхъ и сильныхъ утѣснителей.
Сначала Стыдъ и Справедливость жи-
ли въ сихъ преобразованныхъ стра-
нахъ; но послѣ, къ нещастiю, новымъ
правителямъ пришло на мысль, что
они могутъ обойтись безъ сихъ послан-
никовъ Создателя; ибо они часто пре-
пятствовали ихъ намѣренiямъ — по-
тому и начали думать, какъ бы имъ
удалить отъ себя такихъ досадныхъ
совѣтниковъ. Едва обнаружили сни
сiи мысли, уже льстецы ихъ удивля-
лись, что они столь долго допускали
презрѣннымъ соперникомъ управлять
собою. Сiи услужливые наперсники за-
претили навсегда Стыду и Справедли-

вости входъ въ ихъ дома, ожидали
только благопріятной минуты, чтобъ,
очернивъ ихъ предъ своими повелителя-
ми, выгнать изъ дворца и потомъ изъ
предѣловъ государства. Нанятые ими
клеветники обвинили полубоговъ въ
томъ, что они вели съ непріятелемъ
подозрительную переписку, возмущали
народъ, препятствовали придворнымъ
увеселеніямъ и останавливали за малы-
ми затрудненіями совѣты, которые
прежде такъ скоро и тихо оканчива-
лись. Тайные друзья невинныхъ, роб-
кіе и слишкомъ подозрительные, не
могли всенародно ихъ оправдывать,
они могли только сдѣлать предложеніе,
оставивъ полубоговъ, взять такія пред-
осторожности, чтобы жизнь обвинен-
ныхъ не была вредною ихъ непрія-
лямъ. Они положили строго за ними
смотрѣть, иногда призывать въ совѣ-
ту и позволять народу посѣщать ихъ
только въ нѣкоторыхъ случаяхъ; одна-
ко сіе предложеніе осталось безъ дѣй-
ствія. Противная сторона думала,
что не льзя всегда такъ строго за
ними смотрѣть, и опасалась, чтобъ
они не стали торговать запрещен-
ными товарами и не присвоили
народу правъ, опасныхъ для дворца.
Положено изгнать ихъ. Стыдъ и
Справедливость направили плетень на

свою родину и возвратились къ небо-
жителямъ.

Тогда пошло все лучше: сильный
чувствовалъ себя сильнѣе, а веселый
веселѣе; потому что никто не могъ
ограничить общей свободы. Но сіе
щастливое состояніе не д лго продол-
жалось: слабый скоро притѣсненъ былъ
сильнымъ; хитрость замѣнила недоста-
токъ добрыхъ свойствъ и сдѣлалась еще
ужаснѣе своими невидимыми стрѣлами.
Вельможи чрезмѣрною роскошью скоро ис-
тощили произведенія природы; обманъ,
отражаемый обманомъ, сила силою,
скоро бы истребили человѣческой родъ,
если бы Юпитеръ не сжалился надъ
нимъ. ,,Гряди, вѣщалъ онъ Минервѣ,
,,возьми съ собою Мудрость для сихъ
,,нещастныхъ. Они ничего не могутъ
,,получить, кромѣ сего сокровища. Про-
,,меоей, въ своей поспѣшности, похи-
,,тилъ одну ея часть, отъ которой
,,люди стали только хитрыми. Те-
,,перь Стыдъ и Справедливость, по-
,,сланные мною имъ на помощь, воз-
,,вратились — и если ты не принесешь
,,имъ Мудрости, то они погибнутъ.‟

Минерва, послушая отцу боговъ
и смертныхъ, со свѣтомъ Мудрости
сошла на землю, раздѣлить людямъ
безцѣнные дары Наукъ. Зная свое-
нравство и слабость людей, сихъ

сперва послала Музъ, младшихъ сестръ
Наукъ, дабы онѣ своими невинными
играми приготовили смертныхъ къ по-
знанiямъ. Нѣкоторыя Музы большимъ
своимъ снисхожденiемъ сдѣлались любез-
ными однимъ вельможамъ; но другiя
непремѣнно поселяли мудрость въ серд-
ца людей. Мало по малу явился въ нихъ
тотъ любезной духъ, которымъ они
соединены съ богами; они уже начали
простирать благодарныя руки для при-
нятiя даровъ Минервы. Тогда узнали
они, что роскошь и несправедливость —
безумiе; что всѣ люди составляютъ
одно семейство и благо одного зави-
ситъ отъ благоденствiя общаго. Съ того
времени люди питаютъ себя сладост-
ною надеждою, что когда возсiяетъ
во всемъ блескѣ лучъ мудрости, тогда
примиримся мы со Стыдомъ и Справед-
ливостью и золотой вѣкъ снова воз-
вратится на землю.

Изъ Мейснера. — Гаврiилъ Поповъ.

~~~~~~~~~~~~~~~~~~~~~~~~~~~~~~~~~

VIII.
ЛИРИЧЕСКАЯ ПѢСНЬ
КУТУЗОВУ - СМОЛЕНСКОМУ.

Благоговѣнье! се взываетъ
Отечество къ своимъ сынамъ:
„Россіяне! оно вѣщаетъ,
„Ужель страшиmися полчищъ вамъ,
„Врагомъ Европы предводимыхъ? —
„Сыны Славянъ непобѣдимыхъ!
„Грядите! Самъ Творецъ за насъ“ —
И свящъ Отечества сей гласъ. —

*

Явились грозны ополченья!
Взываютъ воины: Градемъ?
И се орелъ, предвѣстникъ мщенья,
Паритъ надъ доблестнымъ Вождемъ!
Съ нимъ храбрость, опытность, геройство,
Въ побѣдахъ кротость и спокойство;
За Вѣру, за Царя Онъ мститъ; —
Се Россовъ сильный мечь и щитъ!

*

Но кто Герой сей знаменитый,
Сей бодрый Мужъ и въ сѣдинахъ,
Вознесшій лавромъ мечь, увитый?
Кутузовъ! Оттомановъ страхъ!
Я слышу, доблестный взываетъ:
„Друзья! Отчизна погибаетъ;
„Зоветъ ея священный гласъ:
„Пойдемъ! Богъ крѣпости за насъ!“

*

И Россамъ ли носить оковы?
Нѣтъ, нѣтъ! для родины драгой
Они всѣмъ жертвовать готовы!
О торжество любви святой!
Столь знаменитое геройство
Не есть ли душъ великихъ свойство?
И кто, стремясь на подвигъ сей,
Не презритъ тысячи смертей?

*

Таковъ духъ Россскихъ ополченій!
Ихъ къ родинѣ любовь живитъ;
Ни громъ, ни бури всѣ сраженій —
Ничто любви сей не мертвитъ!
Герои мужествомъ пылаютъ;
„Къ знаменамъ! — тысячи взываютъ:
„Се мщенья часъ! мечи во длань!" —
И воскипѣла страшна брань . . . .

*

Кичливый врагъ, тиранъ надменной
Въ предѣлы Росскіе влетѣлъ,
И рдѣетъ небо раскаленно
По карами градовъ и селъ;
Мечи убійственны сверкаютъ,
Младенцевъ, старцевъ поражаютъ,
И рыщетъ смерть изъ строя въ строй,
И разлился кровавый бой.

*

Уже Бородино пылаетъ,
Объято пламенемъ вражды;
Уже Марсъ брани призываетъ;
И грозны воиновъ ряды,
Вращая острыми мечами,
Стѣснясь желѣзными стѣнами,

Летятъ, сражаются, падутъ . . .
Лишь громы мѣдныхъ жерлъ ревутъ!

*

Ужасно зрѣлище отмщенья!
Багрово зарево кругомъ;
Весь адъ кипитъ въ пылу сраженья:
Все кровь лiетъ, — все мещетъ громъ,
И смерть свирѣпая ярится. . . .
Кто съ Россами дерзнетъ сравниться!
Какъ львы, враговъ они разятъ,
За Вѣру и Отчизну мстятъ.

*

О ужасъ! рвы, долины, рощи,
Все кровiю напоено —
Трiумфъ! — Герои полунощи!
О славное Бородино!
Примѣръ для поздняго потомства
И память казни вѣроломства!
Ты Россамъ будешь такъ вѣщать:
„За граждань славно умирать!“

*

Но что сразитъ вражлебны силы!
Какъ вихрь — Европы врагъ летитъ.
Предъ нимъ — стонъ, вопль; за нимъ —
                          могилы. . . .
Но живъ еще Россiи щитъ;
Въ немъ зритъ она свое спасенье:
Нѣтъ стѣнъ Москвы; но ихъ паденье
Ничто предъ Россiею страной.
Кутузовъ Исполинъ — Герой!

*

Герои древнiе взирали
Отъ высоты небесныхъ странъ;

Благословенье низпослали
На близкихъ сердцу согражданъ:
Румянцевъ! мудрый повелитель!
Суворовъ! бранныхъ бурь смиритель!
Вашъ духъ Героя оживлялъ —
Онъ съ вами побѣждать позналъ.

*

Вождь славный Сѣверныхъ Героевъ!
Кому возможно описать
Твой умъ и опытность средь боевъ?
Не современнымъ награждашь
Тебя за подвиги велики!
Потомства благодарны клики,
Любовь признательныхъ сердецъ —
Се Твой безсмертія вѣнецъ!

*

Твой взоръ вокругъ перуны мещетъ,
Ты нашъ полнощный Геркулесъ,
Воззришь — и гордый врагъ трепещетъ,
Ты Ангелъ праведныхъ небесъ.
Съ Тобой всѣ ужасы природы:
Гладъ, вьюги, мразы, непогоды
Со льдистыхъ Сѣвера бреговъ
Несутъ погибель на враговъ!

*

Кутузовъ всюду самъ летаетъ —
Ему не страшенъ грозной бой:
Его Побѣда осѣняетъ
Вѣнцомъ лавровымъ и хвалой!
Гремишь ура! — и врагъ смятенный,
Геройствомъ Россовъ изумленный,
Собралъ остатки дерзкихъ силъ —
И съ поля битвы отступилъ.

*   Д

Уже онъ для себя спасеньемъ
Одно позорно бѣгство зритъ:
Но окриленный правды мщеньемъ,
Герой вездѣ его разитъ;
Вездѣ побѣды знаменишы:
Унесовъ Краснаго границы;
Брега Днѣпра, Березины
Въ крови врага обагрены.

＊

И палъ сей исполинъ надменной.
Уже Смоленскій — полубогъ,
Уже хвала и честь вселенной. . . .
Но кто, какой Герой возмогъ
Прейти святной Судьбы уставы?
Рекла — и нѣтъ любимца славы,
И Вождь Славянъ, Россіи щитъ,
Во гробѣ бездыханъ лежитъ!

＊

Кто, кто избѣгнетъ смерти длани!
Царь, рабъ — равны въ ея очахъ. . .
И палъ Герой, рѣшитель брани —
И слезы на безцѣнной прахъ
Сама Побѣда проливаетъ;
Лишь смерть съ улыбкою взираетъ,
Гордяся жертвою своей. . .
О жребій горестный людей! . . .

＊

Но нѣтъ, сразитъ ли смерть Героя!
Могила славѣ не предѣлъ:
Кто былъ оградой Царствъ, покоя,
Того безсмертіе удѣлъ!
Потомство судитъ всѣхъ дѣлами,
И благодарности слезами

Оно тотъ мраморъ ороситъ,
Гдѣ прахъ Смоленскаго сокрытъ.

*

Вѣщай, вѣщай правдива слава!
Гдѣ свѣтлый тронъ воздвигнутъ твой?
Сія щастливая держава
Не тали, гдѣ МОНАРХЪ — Герой
Въ побѣдахъ и трудахъ толикихъ
Россія! о страна великихъ!
Кто стать противъ тебя возмогъ?
Твоя защита: Вѣра, Богъ!

*

Друзья! доколѣ дѣти сами
Не можемъ мы Царю служить: —
Нашъ долгъ радѣть Ему сердцами!..
И для Него учиться, жить!
Героямъ дань — благословенья:
Здѣсь, здѣсь, въ семъ храмѣ просвѣщенья
Клянемся имъ во слѣдъ летѣть
И за отчизну умереть!

Викторъ Чюриковъ.

~~~~~~~~

IX.

ИЗРЕЧЕНІЯ ГРЕЧЕСКИХЪ МУДРЕЦОВЪ.

Талесъ.

1.

Какое Государство есть самое щастливое? То, въ которомъ Монархъ можетъ покоиться, ничего не опасаясь.

2.

Надежда есть единственное благо, общее всѣмъ смертнымъ. Тѣ, которые уже ничего не имѣютъ, ею утѣшаются.

3.

Щастливо семейство, которое не имѣетъ много богатства, и не знаетъ, что такое бѣдность.

4.

Нѣтъ ничего пагубнѣе злобы: она трогаетъ даже самаго добродѣтельнаго человѣка.

5.

Не ругайся надъ злощастными: всѣ мы во власти Всемогущаго.

6.

Люби родителей своихъ. Если они причиняютъ тебѣ какія нибудь малыя непріятности — учись сносить ихъ.

7.

Богъ предвѣченъ и безначаленъ: міръ всего прекраснѣе — и это труды Всемогущаго. Нѣтъ ничего сильнѣе нужды; ибо все ей подвластно. Время всѣхъ опытнѣе; ибо ему обязаны мы за всѣ открытія.

8.

Талесъ, наблюдая звѣзды, упалъ въ ровъ; ,,онъ этого достоинъ, сказала женщина изъ Ѳракіи: хочетъ узнать все, что на небѣ, не зная, что у ногъ его.‘‘

Солонъ.

9.

Придворные подобны монетамъ, употребляемымъ для счета; часто теряютъ они силу свою, по произволу того, который ихъ избираетъ.

10.

Многіе злодѣи обогащаются; иногіе добродѣтельные изнемогаютъ въ нищетѣ. Захочу ли я отдать мою добродѣтель за сокровища порочнаго? — Нѣтъ: я могу сохранить сердце мое во всей чистотѣ его; напротивъ богат-

ства каждый день переменяютъ госпо-
дина.

11.

Солонъ лишился своего сына, и
оплакивалъ его. Ему представили,
что онъ не принесетъ ему никакой
пользы слезами своими: ,,онъ того-то
я и плачу,'' отвѣчалъ онъ.

12.

Мудрый Аѳинянинъ! говорилъ Крезъ
Солону, и такъ мое щастіе кажется
тебѣ очень малымъ; ибо ты не удосто-
иваешь даже сравнять меня съ самымъ
простымъ гражданиномъ? — ,,Крезъ!
,,отвѣчалъ мудрецъ, для чего вопрошать
,,меня о благополучіи человѣческомъ;
,,меня, который знаетъ, сколько щастіе
,,завистливо и перемѣнчиво? — Въ тече-
,,ніи нѣсколькихъ лѣтъ видишь много
,,такихъ вещей, которыхъ бы не желалъ
,,видѣть; претерпѣваешь такія не-
,,щастія, которымъ не хотѣлъ бы
,,подвергать себя. — Я вижу, что ты
,,обладаешь несчетными богатствами,
,,что ты повелѣваешь многими народа-
,,ми; но могу ли назвать тебя щастли-
,,вымъ, если я не знаю, какимъ об-
,,разомъ кончится жизнь твоя? — Ес-
,,ли фортуна не дозволяетъ богачу
,,окончить благополучно жизнь его,
,,то онъ, со всѣми своими сокровищами,

„не можетъ почесться щастливѣе по-
„слѣдняго бѣдняка, получающаго каж-
„дой день себѣ на пропитаніе. — Сколь-
„ко на земномъ шарѣ находится бога-
„чей, которые, не смотря на свое
„богатство, нещастны! Но находят-
„ся также смертные, довольные умѣрен-
„ностію; не возможно, чтобы одинъ
„человѣкъ обладалъ всѣмъ, что состав-
„ляетъ щастіе. — Одинъ городъ не со-
„единишь въ себѣ произведеній всѣхъ
„городовъ: онъ имѣетъ нѣкоторыя,
„другихъ недостаетъ ему; а самый
„лучшій есть тотъ, который соеди-
„няетъ въ себѣ болѣе такихъ проис-
„веденій. И человѣкъ не обладаетъ
„всѣми преимуществами; онъ наслаж-
„дается нѣкоторыми, а другихъ ли-
„шенъ; но кто награжденъ ими болѣе
„всѣхъ смертныхъ, кто щастливо окон-
„чиваетъ жизнь свою, тотъ, по моему
„мнѣнію, истинно щастливъ. Сколькихъ
„людей боги одарили всѣми благами при-
„роды, всѣмъ щастіемъ только для
„того, чтобъ напослѣдокъ ввергнуть
„ихъ въ ужаснѣйшія бѣдствія."

13.

Человѣкъ самый щастливый есть
тотъ, который обогатилъ себя пра-
восудіемъ, обладаетъ своимъ имуще-
ствомъ, не навлекая на себя дурной

молвы, и которому издержки не наносятъ раскаянія.

14.

Старайся во всю жизнь свою совершенствовать себя познаніями: не предполагай, что старость принесетъ съ собою и разумъ.

15.

Общество тогда только бываетъ спокойно, когда сограждане послушны своимъ начальникамъ, а сіи — законамъ.

16.

Убѣгай роскоши; она мать печали.

17.

Не рѣшайся искать себѣ новыхъ пріятелей и не оставляй тѣхъ, которыхъ ты имѣешь.

18.

Не приближайся къ Государямъ, или говори имъ то, что имъ полезно.

19.

Берегись говоришь все, что ты знаешь.

20.

За столомъ Солонъ всегда молчалъ. Для чего не говоришь ты? спросилъ его Періандръ. — Развѣ не знаешь, отвѣчалъ ему Солонъ, что глупцу невозможно молчать во время обѣда.

Хилонъ.

21.

Ты оплакиваешь свои бѣдствія! Разсмотри, что претерпѣваютъ другіе, и ты вѣрно съ духомъ болѣе твердымъ перенесешь ихъ.

22.

Государь долженъ всего болѣе страшиться довѣренности къ окружающимъ его.

23.

Знать самаго себя всего труднѣе: самолюбіе всегда увеличиваетъ достоинства въ собственныхъ глазахъ нашихъ.

24.

Ты говоришь худо о другихъ: не ужели не помышляешь о томъ, что и о тебѣ худо говорить станутъ?

25.

Друзья твои приглашаютъ тебя на званой пиръ: если хочешь, то можешь пріѣхать туда и позднѣе обыкновеннаго; но поспѣшай, если они зовутъ тебя съ тѣмъ, дабы утѣшить ихъ.

26.

Лучше потерять, нежели получить прибыль безчестно.

27.

Убѣгай человѣка, по виду услужливаго, который вмѣшивается всегда въ дѣла постороннія.

28.

Соединяй могущество свое съ кротос-
стію. Заслуживай любовь своихъ со-
гражданъ; страшись, если тебя будутъ
бояться.

29.

Прежде подумай, а потомъ говори.

30.

Хранить тайну, хорошо употреб-
лять свободное время, сносить зло-
словіе: — вотъ три вещи весьма труд-
ныя.

31.

Оселокъ показываетъ качество зо-
лота, а золото — характеръ человѣка.

Питтакъ.

32.

Сынъ хотѣлъ жаловаться на от-
ца: „ты будешь осужденъ, сказалъ
ему Питтакъ, если жалоба твоя
несправедлива; если же она и справед-
лива, то все-таки будешь ты осу-
жденъ.

33.

Щастливъ Государь, если его под-
данные страшатся за него, а самаго
его не боятся.

34.

Ты отвѣчаешь за другаго: не да-
леко раскаяніе.

35.

Человѣкъ благоразумный умѣетъ предупреждать бѣдствія, твердый же духомъ — переносить ихъ великодушно.

36.

Я люблю семейство, въ которомъ не вижу ничего лишняго, и гдѣ нахожу все нужное.

37.

Если хочешь узнать человѣка — придай ему могущества.

38.

Щастливо Государство, если злодѣи не управляютъ имъ.

39.

Ожидай въ старости отъ дѣтей своихъ того, чтобы ты самъ сдѣлалъ для своего родителя.

40.

Повелѣвая другими, умѣй управлять самимъ собою.

Біасъ.

41.

Самый нещастный есть тотъ, кто не можетъ сносить бѣдствія.

42.

Монархъ! ты желаешь прославиться! будь сперва самъ подвластенъ законамъ своего Государства.

43.

Злые предполагаютъ, что всѣ также вѣроломны, какъ они: добрые напротивъ, легко могутъ ошибиться.

44.

Тѣ, которые употребляютъ весь свой разсудокъ на вещи безполезныя, похожи на ночную птицу: она въ сумерки видитъ очень хорошо, а во время солнечнаго сіянія стаи вится слѣпою. Ихъ разумъ проницателенъ, когда занимаютъ его бездѣлками; напротивъ онъ бываетъ ослѣпленъ, если истинный свѣтъ поражаетъ его.

45.

Одна только чистая совѣсть не страшится ничего.

46.

Желать невозможнаго, быть нечувствительнымъ къ нещастію другаго: — вотъ двѣ величайшія слабости души нашей.

47.

Ты хочешь быть посредникомъ между непріятелями своими: ты содѣлаешь себѣ другомъ того, которому вспомоществовать будешь. — Ты осмѣливаешься быть судьею между двумя друзьями твоими: будь увѣренъ, что потеряешь одного изъ нихъ.

48.

Слушай много, говори только
кстати.

49.

Біасъ плакалъ, осуждая одного на
смерть. Если ты плачешь о винова-
томъ, нѣкто сказалъ ему, то для чего
осуждаешь его? — Должно, отвѣ-
чалъ Біасъ, слѣдовать законамъ При-
роды, которая внушаетъ намъ сожа-
лѣніе; но надобно также повиновать-
ся и законамъ своего Государства.

Клеобулъ.

50.

Можноли жить въ такомъ Госу-
дарствѣ, въ которомъ граждане стра-
шатся болѣе чести, нежели законовъ?

51.

Быть богатымъ безъ гордости,
бѣднымъ безъ унынія, ужасаться не-
правосудія, быть благочестивымъ, спос-
пѣшествовать щастію согражданъ сво-
ихъ, обуздывать языкъ свой, не дѣ-
лать ничего съ жестокостію, учить
дѣтей своихъ, укрощать ссоры, почи-
тать враговъ Отечества своими соб-
ственными — вотъ свойства доброде-
тели.

52.

Много словъ, еще болѣе невѣже-
ства — вотъ что находятъ въ боль-
шой части людей.

53.

Расточай свои благодѣянія на друзей своихъ, дабы они еще болѣе любили тебя; расточай ихъ и на непріятелей, дабы содѣлались нѣкогда друзьями твоими.

Періандръ.

54.

Сластолюбіе продолжается только одну минуту, добродѣтель вѣчно.

55.

И въ щастіи, и въ нещастіи друзья твои да находятъ тебя всегда одинаковымъ.

56.

Тебя принудили дать обѣщанія опасныя: иди, ты ничего не обѣщалъ.

57.

Если ты говоришь о своемъ врагѣ, то подумай, что нѣкогда будешь его другомъ.

58.

Не довольствуйся только исправлять ошибки другихъ; старайся ихъ предупреждать.

59.

Хочешь ли царствовать безопасно? — Не позволяй окружать себя вооруженнымъ тѣлохранителямъ; не имѣй никакой стражи, кромѣ любви своихъ подданныхъ.

Николай Прокоп. Антонскій.

X.

МЕЧТА.

Дни юны протекли! мой вѣкъ очарованій
Такъ быстро пролетѣлъ! и я, плѣнясь красой,
               цаній,
Гонялся. . . какъ дитя; за чѣмъ же? за
               мечтой!

*

Въ восторгѣ щастія, любовью усыплен-
               ный,
Ввѣрялъ всѣ радости богинѣ сей драгой;
Но чтожъ увидѣлъ я, измѣной пробуж-
               денный?
Напрасно льстилъ себя обманчивой меч-
               той!

*

Подъ кровомъ дружества, отъ бурей
               свѣта вѣчныхъ
Хотѣлъ я отдохнуть — доволенъ былъ
               судьбой.....
Ахъ! нѣтъ — и другъ обманъ — и въ
               дружбѣ нѣтъ сердечныхъ
Ни чувствъ, ни радостей — я льстилъ
               себя мечтой!

*

При громахъ Марсовыхъ, на полѣ слав-
               ныхъ боевъ,
Желалъ разсѣять грусть, простясь на
               вѣкъ съ тоской;

Тамъ, думалъ, ждешъ меня вѣнецъ и лавръ
                            Героевъ,
Тамъ все мое — увы! гонялся за мечтой!

                    *

Въ чинахъ и роскоши — въ раю очрованья,
Искалъ я радостей и сладостный покой;
Искалъ — чего здѣсь нѣтъ — блаженства —
                        но мечталья
Простите всѣ — теперь я не прельщусь
                        мечтой!

                    Егоръ Познанской.

~~~~~~~

XI.

ЩАСТІЕ УЕДИНЕННОЙ ЖИЗНИ.

Подъ тѣнію древесъ густою,
Гдѣ мирный радостямъ пріютъ,
Съ любезной сердца простотою
Спокойно дни мои текутъ.

*

О пышности я не мечтаю;
Доволенъ всѣмъ, самимъ собой:
Своимъ блаженствомъ почитаю
Не шумъ веселья — но покой.

*

Владѣю нивой небольшою;
Мой садикъ вкусный плодъ даетъ;
И небо свѣтло надо мною;
Земля у ногъ моихъ цвѣтетъ.

*

Когдажъ и грозное ненастье
На мой нагрянетъ тихій домъ,
Оно пройдетъ — и снова щастье
Явится съ солнечнымъ лучёмъ.

*

Но въ свѣтѣ суеты толпами,
Добыча смертные тамъ бѣдъ:
Здѣсь, не прельшаяся мечтами,
Безпечный щастливо живешь.

*

Е.

Смотри! и сей потокъ, стремился
Свирѣпый быстро вдалекѣ; —
Въ мою долину прикатился —
И тихо вьется на пескѣ.

Изъ Флоріана — *Николай Бобрищевъ.*
Пушкинъ.

~~~~~~~~~

XII.

РАЗГОВОРЪ
О ПУТЕШЕСТВІИ (*).

Софронимъ, Мелодоръ и Критонъ.

Соф. (разсматривая глобусъ) Вотъ Геттингенъ, городъ учености; вотъ пышный Лондонъ; вотъ шумный Парижъ. Путешествіе, мысль сладостная! До сихъ поръ все я только надѣюсь. Когда скажутъ мнѣ: надежда твоя исполнилась — отправляйся. Ахъ! слова утѣшительныя! — А здѣсь — o nation barbare! какъ все мнѣ наскучило! Однообразіе терзаетъ мою душу. Чрезъ нѣсколько лѣтъ я бы возвратился въ Отечество съ новыми знаніями, насмотрѣвшись на разныхъ людей, на разныя страны. (приходитъ Мелодоръ)

Мел. Здравствуйте Софронимъ! О чемъ вы такъ задумались? въ наши ли лѣта смотрѣть Сентябремъ!

Соф. Чужіе краи, Мелодоръ...

Мел. Что за чужіе краи? развѣ мы не то же видимъ небо и солнце, какое видѣлъ и спранный Таверніе, который всю жизнь свою мыкалъ изъ конца въ конецъ?

_____

(*) Читанъ Воспитанниками на публичномъ актѣ 1815 года 22го Декабря.

Е ₂

Соф. Вы жалки въ моихъ глазахъ, mon ami.

Мел. Не безпокойтесь обо мнѣ, и называйте меня лучше другомъ, а не смѣшнымъ словомъ ami. Другъ на этомъ языкѣ есть игрушка. — Посмотрите на себя: вы совсѣмъ не тѣ, какими я васъ узналъ прошлаго года. Всѣ знакомые меня спрашиваютъ, что съ вами сдѣлалось. Прежде на васъ всѣ смотрѣли, о васъ всѣ говорили, вы были душою общества. Помните ли то время, когда вы такъ прелестно играли Милона на театрѣ нашемъ и восхищали всѣхъ зрителей? . . . Теперь вы стали нелюдимомъ.

Соф. Было время веселостей, но и прошло; теперь пора стремиться далѣе — выше.

Мел. Ахъ! бѣдненькой, — и въ 15 лѣтъ . . . .

Соф. И васъ не прельщаетъ обогащеніе ума новыми свѣдѣніями! Вообразите, что въ Германіи узнаю всю глубину учености; у Англичанъ научусь политикѣ; во Франціи увижу, какъ должно наслаждаться жизнію.

Мел. Вы говорите какъ о фениксахъ, а этихъ птицъ и здѣсь не пересмотришь.

Соф. На людей должно смотрѣть въ собственной ихъ землѣ: тамъ-то они въ настоящемъ своемъ видѣ. Сверхъ того новыя земли могутъ доставить множество предметовъ для новыхъ наблюденій.

Мел. Для новыхъ какихъ - то наблюденій пожертвовать спокойствіемъ, отказаться отъ удовольствій, которыя такъ очаровательны въ кругу своего семейства, въ кругу друзей и знакомыхъ; а вмѣсто того ступай объѣзжать нѣсколько тысячь верстъ! и за чѣмъ же? слушать, какъ въ Лондонѣ или Парижѣ и дѣти говорятъ по Англински, да по Французски! Должно быть совершенно нечувствительну, чтобъ оставить берега милой родины.

Соф. Будто разлука можетъ охладить чувство любви къ роднымъ и чувство дружбы къ знакомымъ; напротивъ того, какъ восхитительно, послѣ долговременнаго отсутствія, броситься въ объятія любви и дружбы! Вы не Философъ.

Мел. И слава Богу! хорошъ пріѣхалъ Философъ Клеантъ! къ нему приступиться не льзя! онъ только и думаетъ о заморской своей учености; а что привезъ съ собою! Прожилъ только все имѣніе въ иностранныхъ манторовъ, думая, что уже тамъ-то все превосходно; теперь и сидитъ въ углу —

жи съ кѣмъ ни слова, всѣми гнушается. Съ нимъ, видно, сбылось тоже, что съ Гассановымъ Кабудомъ, который путешествовалъ въ Мекку.

Соф. Взгляните жъ на Филалета: онъ возвратился изъ чужихъ краевъ утѣхою своихъ родныхъ. Посмотрите, какія сдѣлалъ онъ заведенія въ своихъ деревняхъ, все по Англійски.

Мел. Боюсь, чтобъ онъ съ этими затѣями не остался *Философомъ безъ огурцовъ.* Все хорошо на своемъ мѣстѣ, и всего иностраннаго не льзя переносить въ Россію.

Соф. Но знаніе людей — знаніе сердца.

Мел. Прекрасное знаніе сердца увидите вы, особливо во Франціи. Развалины Москвы и до сихъ поръ показываютъ глубокое въ этомъ свѣдѣніе. Перестаньте, сударь, перестаньте пожалуста унижать себя и соотечественниковъ своихъ передъ иностранцами. Франція славилась прежде великими умами, но теперь ихъ уже не стало. Народъ, отличавшійся во времена Людовика XIV своимъ просвѣщеніемъ, нынче сдѣлался предметомъ посмѣянія тѣхъ самыхъ, которыхъ онъ почиталъ варварами. Не скажете ли вы, что война заставила ихъ жечь домы, осквернять храмы? Не война ли также была причиною всѣхъ лютостей этихъ философовъ, съ ихъ неистовымъ тираномъ, желавшимъ весь міръ покорить подъ свою державу? Не отъ войны ли сіи любители просвѣщенія старались искоренить всѣ заведенія, художества, завидуя нашему богатству и спокойствію? Мнѣ стыдно слышать это отъ васъ, Софронимъ. Чтобъ узнать Расина, Монтескье, Бюффона, Лакроа, для этого не нужно ѣхать во Францію: въ книжной лавкѣ найдешь все, чѣмъ она славится.

Соф. Любезный Мелодоръ! Такимъ образомъ все очернить можно.

Мел. Я не хочу чернить вашихъ мыслей; желаю только, чтобы вы примирились со всѣми нами, которыхъ такъ безжалостно возненавидѣли. Чего у насъ недостаетъ? Въ городахъ блеститъ богатство, на моряхъ видна промышленность, въ селахъ довольство. Я бы желалъ побывать въ чужихъ краяхъ, не съ тѣмъ намѣреніемъ, съ какимъ вы, чтобъ тамъ мучить себя, но только для того, чтобъ блеснуть какъ Рускому, чтобы на меня указывали и говорили: вотъ Руской, вотъ гражданинъ того народа, который насъ спасъ; желалъ бы посмотрѣть трофеи соотечественниковъ, послушать, какъ вездѣ повторяютъ Имя

АЛЕКСАНДРА, имя Руских. — Но вотъ идетъ и Критонъ — авось мы вдвоемъ уговоримъ васъ. — (входитъ Критонъ) Посмотрите, Критонъ, на Софрони- ма: путешествіе вскружило ему голову.

Соф. Я увѣренъ, что Критонъ со мною согласится. Я часто его застаю за иностранными книгами.

Крит. Правда, я люблю учиться всему хорошему и у иностранцевъ; но еще болѣе люблю учиться хорошему у соотечественниковъ.

Мел. А Софронимъ ничего хороша- го не находитъ въ Россіи; онъ думаетъ только о чужихъ краяхъ, о путеше- ствіи.

Крит. О путешествіи? О! въ наши лѣта опасно пускаться въ это море. Пользоваться множествомъ новыхъ и разныхъ предметовъ можетъ только умъ зрѣлый, и многіе изъ молодыхъ лю- дей, вмѣсто того, чтобъ у иностран- цевъ занять хорошее, возвратились сами только-что иностранцами.

Соф. Вы точно, кажется, изъ тѣхъ временъ, когда Рускіе плакали, какъ ихъ посылали въ школу и когда должно имъ было разставаться съ ня- нюшками.

Крит. Я самъ люблю умныхъ лю- дей, какогобы они народа ни были; но Отечество для меня всего дороже.

Представьте Россію за два вѣка и по-
дивитесь, какъ скоро она возвышается
и въ могуществѣ, и въ благоденствіи,
и въ познаніяхъ. Побѣды всегда пред-
знаменуютъ цвѣтущее состояніе ис-
кусствъ и наукъ. Иностранцы сами
удивляются щастливымъ дарованіямъ
Рускихъ. Признаться, слыхалъ я, что
говорятъ, будто у насъ недостаетъ
терпѣнія и трудолюбія. . . . .

Мел. Вы хотите сказать: мы не
много безпечны. О Критонъ! — безпеч-
ность есть добродѣтель золотаго вѣка
и великихъ людей. —

Крит. Однако, другъ мой — если
бы мы не имѣли этой добродѣтели:
то вѣрно бы не мы къ иностранцамъ,
а они къ намъ пріѣзжали смотрѣть на
насъ и все у насъ перенимать.

Мел. (разсматривая глобусъ) Вы
бы, Софронимъ, болѣе принесли поль-
зы, если бы поѣхали путешествовать
по Россіи. Вотъ обширное поле для
наблюденій! — Здѣсь все: и горы, и
земли, и самые жители достойны вни-
манія.

Соф. Вамъ вѣрно угодно ѣздить по
снѣгамъ Сибирскимъ?

Крит. А вы все-таки хотите во
Францію, въ Англію. — Щастливый
путь! но только, чтобы не сдѣлаться
космополитомъ и, удѣляя чувства люб-

Ж

ви своей всѣмъ, чтобъ не охладѣть къ
своей родинѣ. Мы готовимся къ служ-
бѣ; а тамъ не спросятъ: видѣли ль мы
Рейнской водопадъ или Тюльери? Оте-
честву нуженъ храбрый воинъ, чест-
ный судья, добрый гражданинъ.

Соф. Вѣрно вы не читали Руссова
Эмиля. Можно ли быть человѣку безъ
путешествія?

Крит. Я не совсѣмъ вѣрю мечта-
телю Руссо. Жалѣю и объ насъ, если
вы преданы этимъ Французскимъ Энци-
клопедистамъ. Хорошіе иностранные
умы всѣ намъ извѣстны; а прочая часть
ихъ народа точнехонько какъ и наша.

Мел. Не то же ли говорилъ и я
вамъ?

Соф. А заведенія хорошія: Нѣмец-
кіе Университеты, Англійскія фабри-
ки, мануфактуры и заводы, Француз-
скіе музеумы: ужели это собраніе ума
и вкуса не достойно вниманія?

Мел. О! если бы васъ услышали
наши дѣды, они бы сказали вамъ, что
славны бубны за горами.

Крит. Когда будемъ опытнѣе,
тогда постараемся этимъ воспользо-
ваться, и тогда мы изъ путешествія
возвратимся Рускими. Изо всего надоб-
но выбирать хорошее, сколько возмож-
но. Иногда должно обращать вниманіе
на людей злыхъ, чтобы видѣть неща-

стія и стараться избѣгать ихъ. Ни
что такъ сильно не дѣйствуетъ на
человѣка, какъ примѣръ ему подобнаго.
Не должно слѣдовать совѣтамъ ино-
странцевъ, которые въ воспитанни-
ковъ своихъ вселяютъ отвращеніе ко
всему Рускому, прельщаютъ ложными
описаніями красоты своихъ земель, и
такимъ образомъ изъ Рускаго, котора-
го предки были первою опорою пре-
стола, дѣлаютъ ни къ чему неспособ-
наго полу - Рускаго.

Мел. Это и не удивительно: спра-
ведлива пословица: всякой куликъ свое
болото хвалитъ.

Крит. Посмотрите - ка присталь-
но на свое Отечество; вспомните, что
въ устахъ болѣе 40 миліоновъ гремитъ
имя Рускаго Бога, Рускаго Царя.

Соф. Критонъ всегда меня пере-
споритъ. Вы имѣете удивительную
способность убѣждать.

Мел. Ахъ! какъ я радъ, что нашъ
Софронимъ мирится съ Россіею! То ли
дѣло между Рускими быть Рускимъ!
Мы сами хвалимъ Англичанъ и Швей-
царовъ за ихъ любовь къ Отечеству,
и сами же не подражаемъ имъ въ сей
священной добродѣтели. Конечно, нѣтъ
никакой причины ненавидѣть ино-
странцевъ; но и за что страстно лю-
бить ихъ? Вѣра, языкъ, правленіе,

Ж 2

нравы, обыкновенія, родные, можно ли все это промѣнять и на золотыя горы иностранцевъ? . . . Позвольте, Софронимъ, припомнить и то вамъ, что и Нѣмцы съ глубокою своею ученостію, и Англичане съ своею политикою, и Французы — эти великіе люди на малыя дѣла — всѣ они не толпятся ли у насъ, не хвалятъ ли насъ втайнѣ, какъ бы изъ зависти, и не они ли намъ кланяются?

Соф. Поздравляю васъ, Мелодоръ и Критонъ, съ побѣдою. Adieu теперь и Геттингенъ, и Лондонъ, и Парижъ!

Крит. Я никогда не сомнѣвался въ вашемъ благоразуміи. Новость прельщаетъ всякаго, и васъ вѣрно воспламенилъ къ путешествію Руссовъ Эмиль. Но вообразите, какъ нѣжно насъ любятъ родные, съ какою попечительностію заботятся о насъ наши наставники, сколько наградъ предлагаетъ Отечество людямъ благовоспитаннымъ — представьте себѣ все это — и вѣрно вы станете удивляться Россіи, которой всѣ удивляются — будете любить соотечественниковъ, и путешествіе свое пока отложите.

Евдокимъ Лачиновъ.

XIII.

КЪ ПОСТУМУ.
Изъ Горація.

Ахъ, Постумъ, другъ Постумъ, въ вѣч-
                ность юные годы летятъ!
Ничто не замедлишь смерти шаговъ и
                морщинъ на челѣ;
Хотябъ ежедневно для грозна Плутона
И жертвы драгія въ поляхъ сожигались.
*
Печальнымъ онъ Стиксомъ путь пре-
                граждаетъ Героямъ земли;
Преплыть его долженъ, другъ мой! и Царь,
                и вельможа, и рабъ;
Напрасно страшимся мы бурнаго моря;
И вѣтровъ осеннихъ, и грознаго Марса.
*
Ахъ! всѣ мы увидимъ мрачна Коцита
                сей дремлющій токъ;
И всѣ мы увидимъ клятвопреступный родъ
                Данаидъ;
Увидимъ Сизифа, Эолова сына,
По ребрамъ утесовъ катящаго камень.
*
Ты землю оставишь, домъ и супругу,
                и все чѣмъ владѣлъ;
Съ тобою въ могилу, Постумъ! одни ки-
                парисы пойдутъ.
Наслѣдникъ достанетъ Цекубскія вина,
И ими въ пирахъ онъ омочитъ помосты.
                    Егоръ Познанской.

XIV.

КЪ ВИРГИЛІЮ.

Изъ Горація.

Кто не прольетъ слезъ нѣжныхъ о другѣ!
    Се жертва сердецъ!
Лира плачевна, даръ Мельпомены,
    Пѣснь тому воспой.
          *

Нѣтъ и Квинтилья! смерть кровожадна
    Сразила его — —
Истина, кротость, правда и вѣрность!
    Нѣтъ друга и вамъ.
          *

Горестно всѣмъ — ктожъ болѣе стра-
                ждешь,
    Виргилій, тебя?
Воля судебъ — и тщетны ропотанья —
    Обѣты твои.
          *

Сладость и лиры, сладость и пѣнья
    Орфея не ластъ
Жизни тому, кто Стиксовы волны
    Однажды преплылъ.
          *

Царство тѣней есть вѣчна обитель.
    Ужасенъ ударъ —
Но и отраду мы въ бѣдствіяхъ помни —
    Терпѣнье, мой другъ.

                Констан. Рюминъ.

~~~~~~~~~~~~~~~~~~~~~~~~~~~~~~~~~~~

XV.

ДРУЖБА.

Многіе писали о дружбѣ; но всѣ повторяютъ, гдѣ найти истинное значеніе сего слова? Отъ Царя до бѣднаго селянина, имя друга — имя неоцѣненное; оно на устахъ у каждаго; однако много ли вѣрныхъ друзей? — Лесть, желающая достигнуть безпредѣльной власти, — и корыстолюбіе единственный идолъ ея, прикрываются личиною дружбы, доходятъ до крайняго униженія, потворствуютъ страстямъ; покровительствовать пороку, угнѣтать добродѣтель — вотъ черты обыкновенной дружбы. Бѣдный имѣлъ ли когда друзей? Въ ужасной нищетѣ находилъ ли онъ чувствительное сердце, готовое дать помощь нещастному, его утѣшить? Презрѣніе, всегдашній удѣлъ бѣдности!

Гдѣ же обитель истинной дружбы? Пиѳагоръ, сей знаменитый Философъ, называетъ дружбу величайшею изъ добродѣтелей. Аристотель только восклицаетъ: гдѣ истинные друзья? Они оба почитали дружбу за величайшее божество, и ни одинъ изъ нихъ не по-

казалъ точнаго значенія сего слова.
Платонъ называетъ ее чувствомъ уди-
вленія, при видѣ добродѣтелей. Знаме-
нитый Римскій Ораторъ ему подра-
жаетъ: дружба есть чувство, говоритъ
онъ, внушенное природою для того,
чтобы удивляться великимъ качест-
вамъ.

Гдѣ жъ истинные друзья, снова
меня спросятъ? Переселимся въ про-
текшія времена; древность, сія на-
ставница наша, указуетъ на памят-
ники, воздвигнутые дружбѣ. Низусъ
и Евріалъ: вотъ два юные друга. О
тѣни почтенныя! ни труды воинскіе,
ни опасности долгаго путешествія не
могли васъ разлучить. Дамонъ и Пивій!
вы жертвовали жизнію дружбѣ — и
симъ чувствомъ живете во всѣхъ вѣ-
кахъ. Станемъ благоговѣть предъ пла-
менными восторгами и мудрыми совѣ-
тами Римскаго Оратора и Аттика,
Діона и безсмертнаго Платона, вели-
каго Пелопида и правдиваго Епаминон-
да, Сципіона и Лелія. Дружба есть
свойство душъ великихъ! Порочный не
чувствуетъ дружбы. Совершенствова-
ніе въ добродѣтеляхъ, утѣшеніе въ горе-
стяхъ, облегченіе въ трудахъ. — Та-
ковы дѣйствія ея. Сколько разъ отчая-
ніе въ объятіяхъ ея оставляло смерто-
носное желѣзо и примирялось съ жиз-

нію! Сколько разъ чрезмѣрная горесть, изліянная на груди друга, находила услажденіе! Такъ — бальзамъ дружбы исцѣляетъ глубокія язвы сердца, укрѣпляетъ силы, возвышаетъ добродѣтели и таланты. Друзья взаимно вкушаютъ всѣ удовольствія: *желаешь для себя — а ищешь раздѣлить.*

Дружба свойственна всякому возрасту, говоритъ Цицеронъ; ласки, угожденія, все истощаетъ юный другъ. И какъ очаровательна дружба въ юномъ сердцѣ! Невинность болѣе ее украшаетъ. Но какъ почтенна та дружба, которую игры юности провождаютъ до сѣдинъ старости! Какъ сладостно найти въ другѣ и подпору, и нѣжное сердце, готовое отвѣтствовать желаніямъ! Чего не въ состояніи совершить она? Ахъ! она, обезоруживая отчаяніе, не утѣшаетъ только преступника! Такъ — преступникъ — одинъ преступникъ не въ состояніи чувствовать спасительныхъ утѣшеній нѣжнѣйщаго чувства. И можетъ ли дружба, сія величайшая добродѣтель можетъ ли быть удѣломъ порока? Поощрять къ добродѣтелямъ, искоренять пороки, воспламенять другихъ къ любви Всевышняго — ея подвиги. Преступникъ, погруженный въ безднѣ разврата, можетъ ли исполнять это? — Нѣтъ дружбы для сердецъ порочныхъ, говорятъ Вольтеръ; она, оказывая утѣшеніе преступникамъ, соболѣзнуетъ ошибкамъ, подаетъ средства загладить оныя, и попеченіями своими искореняетъ ихъ изъ памяти нещастнаго.

Многіе Философы много писали о дружбѣ, не упоминая ея обязанностей. Сенека говоритъ : выбирайте друга, который раздѣлялъ бы съ вами непріятности ссылки, и которому вы можете жертвовать жизнію. Но много ли мы имѣемъ безсмертныхъ памятниковъ сихъ истинныхъ друзей, которые, изъ любви къ другу, оставляли свой домъ, богатства? Справедливо, что другъ и блаженство — слова однозначущія — вотъ долгъ и обязанности дружества. Проникните въ чувство Низуса и Эвріала, Дамона и Пиѳіи: вы увидите сей пламень, котораго ничто погасить не можетъ. И тиранъ ужасный покоряется законамъ дружбы! И на престолѣ, обагренномъ убійствами, курится ѳиміамъ нѣжнѣйшаго чувства. Превратить желѣзное сердце въ нѣжное — есть дѣло чудесное. Что же такъ тронуло сего Царя? Добродѣтель, небесная добродѣтель кого не прельститъ? Съ нею чего не въ состояніи совершить человѣкъ? Добродѣтель побуждаетъ друзей къ частымъ бесѣдамъ,

гдѣ они открываютъ другъ другу со-
кровеннѣйшія мысли. Сколь сладостно
и восхитительно читать сердце дру-
га! Сципіонъ и Лелій, Діонъ и Пла-
тонъ повѣряютъ одинъ другому свои
недостатки, и спасительными примѣ-
рами, благоразумными совѣтами испра-
вляютъ другъ друга; потому что мы
сами рѣдко познаемъ свои недостатки.

Время, скажутъ иные, охлаждаетъ
дружбу? Ужасное заблужденіе! два дру-
га, вмѣстѣ посѣдѣвшіе, возбуждаютъ
благоговѣніе; угрюмость старости не
имѣетъ вліянія на ихъ связь; воспо-
миная о юности своей, съ восторгомъ
повторяютъ тѣ произшествія, въ ко-
торыхъ торжествовала дружба; воспо-
минаютъ прежнія игры, и съ сердцемъ
исполненнымъ благодарности, упада-
ютъ предъ Творцемъ и приносятъ въ
жертву — сердце чистое и духъ пра-
вый. Почести, богатства, слава —
все принадлежитъ дружбѣ. Она ими
правитъ.

Небесное чувство! истинное сча-
стіе! Одинъ взглядъ твой разгоняетъ
всѣ тучи бѣдствій. Спутница добро-
дѣтельныхъ во всякое время и во вся-
комъ мѣстѣ! Безъ тебя жалокъ чело-
вѣкъ — онъ одинъ и среди общества;
съ тобою онъ живетъ въ другомъ, —

возвышаетъ бытіе свое. Божество до-
брыхъ сердецъ, и страсть мудрецовъ!
дружба! освѣщай бесѣды наши, сопут-
ствуй намъ въ трудахъ нашихъ, — мы
будемъ щастливы. . . . .

Константинъ Рюминъ.

~~~~~~~~~

XVI.

И Н Н А.

(Изъ Рамлера.)

Куда — куда бѣжать? вездѣ во слѣдъ
                за мною
Ужасный призракъ мой вездѣ меня стра-
                шитъ,
Отрады нѣтъ нигдѣ; иль мнѣ не зрѣшь
                покою,
Пока жизнь тягостну я буду здѣсь вла-
                чить?
Нѣтъ тѣни, нѣтъ ручья, гдѣбъ я могла
                скрываться.
Богиня грозная, престань симъ утѣшаться!
Престань, жестокая, повсюду гнать меня!
Неумолимая! я познаю тебя.
      О свирѣпая Юнона!
      Иль ты вѣчно будешь мстить?
      Яль преступница закона,
      Чадъ безсмертныхъ тщась сокрыть?
      Въ прахъ Семеллу обратила,
      Зевса пламенной десной.
      Чѣмъ нещастная виной, —
      Чѣмъ тебя я раздражила?
      О свирѣпая Юнона!
      Иль ты вѣчно будешь мстить?
      Яль преступница закона,
      Чадъ безсмертныхъ тщась сокрыть?

Ахъ! есть ли средь небесъ въ безсмерт-
ныхъ сожалѣнье!
Вы зрѣли съ высоты, какъ Инна въ сихъ
мѣстахъ,
Съ изсохшей грудію, въ исперзанныхъ
рукахъ
Съ любезнымъ бременемъ искала здѣсь
спасенья,
И жизни не щадя, стремилась по горамъ,
Какъ серна робкая, гонимая ловцами.
Дщерь Царская, дщерь Кадма по скаламъ,
По камнямъ и сквозь шернъ, безстраш-
ными стопами
Шла, пропастей не зрѣвъ ужасныхъ предъ
собой . . . . .
Такъ должноль мнѣ бѣжать? — Нещаст-
ная! постой,
Ты здѣсь терпѣла всѣ лютѣйшія мученья,
Ты здѣсь ихъ прекратишь, найдешь здѣсь
утѣшенье.
Пойдемъ — и бѣдствія окончимъ на ска-
лахъ . . . .
Но небо — что я зрю! — куда, куда со-
крыться?
Се онъ — се Атамасъ! Еще въ его рукахъ
Кровь сына моего злощастнаго дымится!
Чудовище спѣшитъ и этого терзать.
Я слышу гласъ его! гласъ Фуріи подоб-
ный . . . . .
О волны мрачныя! иду въ васъ смерть
пріять . . .

Но Мелицерша рокъ да не постигнетъ злоб-
ный . . . . .

Гдѣ я? что со мною?
О чудо! о страхъ!
Нѣтъ смерти въ волнахъ,
Несусь надъ водою.

Ахъ! въ семъ стремленьи
Сынъ мой упалъ.
Что мнѣ въ спасеньи —
Жить онъ престалъ!
Ахъ! возвратите
Боги! его,
Иль умертвите:
Что безъ него?
Сынъ принесенный
Въ жертву волнамъ . . . .
Небо! онъ тамъ:
Зрю какъ спасенный
Онъ призываетъ
Нимфъ молодыхъ,
Съ милымъ взираетъ
Смѣхомъ на нихъ.
Сколь онъ прелестенъ
У Нереидъ:
Ахъ! мнѣ безвѣстенъ
Кто насъ хранитъ.

Вы жить намъ велите!
Пресѣкли рокъ злой!
Брегъ, волны! гласите
Хвалу имъ со мной.

Се Нимфы юныя, онѣ ко мнѣ спѣшатъ;
Чело и грудь мою кораллами вѣнчаютъ,
И перлы ясные въ власы мои вплетаютъ,
О дщери Дорисы! се вамъ принадлежатъ,
Се вамъ должна воздать мои благодаренья!.,
Смотри, привѣтливыхъ и рѣзвыхъ хоръ
                                    боговъ
Вкругъ сына моего толпясь для украшенья,
Тростникъ и осоку мѣшаютъ вкругъ власовъ,
Блаженны смертные, которы васъ позна-
                                    ютъ,
Какъ мы ничтожные и ликъ вашъ можемъ
                                    зрѣть. . . .
Онѣ вѣнками насъ своими украшаютъ,
Чтобъ въ пляскахъ радостныхъ участье
                                    намъ имѣть.

            Небесной арфѣ внемлю я!
            Мой слухъ гармонія плѣняетъ.
            Панопы хоръ вокругъ гремя,
            Съ Тритонами такъ повторяетъ:

            „Будь щастлива Левкотея!
            „Ты страны богиня сей
            „Вторьте! — вторьте! хоръ звучнѣ
            „Богъ Палемонъ — Богъ морей!"
            Нереиды! вы избрали
            Въ санъ священной сей меня?
            Сына всѣ вы обожали —
            Какъ могу повѣрить я?
            Васъ, спасители, престанетъ
            Глазъ тогда лишь мой хвалить,
            Грозный часъ когда настанетъ:
            И не будетъ Инна жить.

Почто съ почтеньемъ вы столь быстро
                          отступили —
Куда спѣшите вы съ гирляндами въ рукахъ?
Какой чудесный видъ, о небо! вы открыли;
Я зрю владыку водъ на пѣнистыхъ волнахъ,
И въ перламутовой сѣдяща колесницѣ ;
Трезубецъ золотый блеститъ въ его десницѣ,
Отъ коего лучей свѣтъ неба досягалъ,
И валъ, какъ подданный, къ ногамъ Царя
                          упалъ.

Я сладостнымъ словамъ могущаго внимаю,
На брата Зевсова со трепетомъ взираю. . .
О ты, взоръ коего могъ яростъ волнъ
                          смиришь !
Щедроты здѣсь твои нещастну оставля-
                          ютъ.

Нептунъ! ты рекъ рабамъ, отвсюду поспѣ-
                          шаютъ
Мнѣ радостную вѣсть скорѣе объявишь.
Скажи, о божество ! ты здѣсь ли оби-
                          таешь ?
Иль тамъ, гдѣ острова въ лазурѣ чутъ
                          блестятъ ?
Сей сонмъ во слѣдъ тебѣ туда ли поспѣ-
                          шаетъ ?
Позволь мнѣ быть съ тобой и на тебя взи-
                          рать !
Ахъ ! не угаснетъ въ вѣкъ моя къ тебѣ
                          любовь
И съ каждымъ новымъ днемъ лишь толь-
                          ко Фебъ возстанетъ,

Лишь первый лучъ его на облакахъ про-
глянетъ,
Воздамъ тебѣ хвалу, великій изъ боговъ.
Пѣснь сію со мной похвальну
Волны, скалы да гласятъ!
Пусть познаютъ страны, дальны,
Что безсмертные творятъ.
Пусть познаютъ, что Всемощный
Въ славный санъ меня избралъ,
И что бренный и ничтожный
Смертный божество пріялъ.
О щастлива Левкотея,
Дщерь безсмертья! часъ блаженный
Въ безднахъ, море гдѣ кипитъ,
Нынѣ духъ твой обновленный
Тамъ амброзья усладитъ.
Пѣснь сію со мной похвальну
Волны, скалы да гласятъ,
Пусть познаютъ страны дальны,
Что безсмертные творятъ.
Пусть познаютъ, что Всемощ-
ный
Въ славный санъ меня избралъ,
И что бренный и ничтожный
Смертный божество пріялъ.
О щастлива Левкотея!

A. Мансуровъ.

XVII

НРАВОУЧИТЕЛЬНЫЯ МЫСЛИ
ТОМАСА.

Щастіе есть важное искусство, которому надобно учиться: это земля, которую должно воздѣлывать, и она доставляетъ плоды, смотря по обработыванію. Души чувствительныя особенно должны пещись о своемъ щастіи; онѣ болѣе способны лишиться его: ибо все на нихъ дѣйствуетъ. Онѣ достояніе всего ихъ окружающаго; слово, взоръ, даже предметы неодушевленные, небо, и самый воздухъ, которымъ онѣ дышатъ — все можетъ нарушить ихъ спокойствіе. Это термометръ, на которой дѣйствуютъ всѣ перемѣны воздуха, и который безпрерывно возвышается, или упадаетъ. Щастіе состоитъ, можетъ быть, въ измѣреніи онаго, по крайней мѣрѣ сколько возможно, и я знаю, что занятія и труды лучшія къ тому средства.

Проливать слезы, или быть оплакиваему — вотъ наша участь. Природа поставила насъ среди гробницъ друзей,

З 2

имъ воздвигнутыхъ и среди нашего гроба, готоваго заключить насъ и взывающаго къ намъ.

Мы чувствуемъ тайное удовольствiе, сокрушаясь о томъ, чему мы воспрепятствовать не можемъ. Поэтъ, сидѣвшiй у гроба, воспѣвалъ на своей лирѣ. — „Что дѣлаешь ты? говорилъ ему мудрый" Я утѣшаюсь, проливая слезы — и продолжалъ плакать.

Щастливые дни улетаютъ и увлекаютъ за собою прелесть, соединенную съ первыми чувствами. Мы идемъ далѣе и стези жизни становятся болѣе тягостными; мало розъ является на пути, мало прелестныхъ мѣстъ, жилищъ успокоенiя. Кажется, васъ увлекаетъ источникъ, кажется все одушевлены однимъ чувствомъ — защищаемся отъ сей неизбѣжимой быстроты, все увлекающей.

Чувства и мысли, два непостижимые Генiи, сопровождающiе человѣка въ семъ минутномъ странствованiи и украшающiе землю, имъ протекаемую; но они не всѣмъ являются.

Есть минуты, которыхъ болѣе не находятъ, когда однажды онѣ насъ оставляютъ.

Воображенiе сильное вездѣ составляетъ себѣ уединенiе.

Рѣдко раскаиваются въ уединенной жизни; отъ нее - то удалены превращ-

ности свѣта; неблагоразумно покорять-
ся желаніямъ другихъ; довольно соб-
ственнаго своего характера.

Безъ умѣренности нѣтъ ни соб-
ственной доблести, ни щастія для
ближнихъ.

Великія мысли возбуждаетъ чув-
ствительность, возвышаетъ доброде-
тель, Религія ихъ освящаетъ.

Есть вѣчная пристань, гдѣ соеди-
няются всѣ остатки кораблекрушенія,
нами оплакиваемые.

Красоты природы потушаютъ
страсти жестокія и дышущія злобою;
но онѣ питаютъ и возбуждаютъ стра-
сти кроткія.

Въ нѣкоторыхъ случаяхъ возвы-
шается душа сильная; въ другихъ
душа нѣжная должна спокойно изли-
ваться.

Большой свѣтъ болѣе душу ослаб-
ляетъ, нежели укрѣпляетъ.

Всѣ дарованія, которыя мы съ
толикимъ стараніемъ совершенствуемъ,
и въ которыхъ мы столь суетны,
внѣ насъ; онѣ принадлежатъ другимъ
болѣе, нежели намъ самимъ; онѣ —
украшеніе, занятіе, наслажденіе об-
щества. Надобно съ умѣренностію
цѣнить дарованія; наши чувства, добро-
дѣтели, связи природы и дружбы —
вотъ истинное наше достояніе; имъ

наслаждаемся мы безъ свидѣтелей, безъ дѣйствующихъ лицъ и рукоплесканій.

Нѣжныя слезы сердца, слезы щастія заставляютъ иногда забывать и прощать судьбѣ всѣ слезы горести и печали.

Нѣтъ дней, проведенныхъ въ спокойствіи, которыхъ бы вечеръ былъ безмятеженъ. Никогда не возможно безъ вреда къ людямъ приближаться.

Дружба имѣетъ и свою совѣсть и свои мученія.

Болѣзнь есть горестная чужеземка, которую, если возможно, должно принимать только въ нѣдрѣ семейства.

Слово, съ небреженіемъ поставленное, только описываетъ дѣйствіе; слово, съ искусствомъ произнесенное, живописуетъ его.

Человѣкъ долженъ поступать подобно живописцу; среди прелестнѣйшаго вида, онъ долженъ поставлять лице, которое могло бы его тронуть.

Всѣ чувства природныя имѣютъ вѣрную мѣру: искусственныя ея не имѣютъ.

Есть познанія жестокія, помрачающія жизнь; безъ вреда ни избѣгнуть, ни забыть, ни пріобрѣсти ихъ невозможно.

Гавріилъ Половъ.

XVIII.

ЦИРЦЕЯ.
Кантата Ж. Б. Руссо.

Тамъ, тамъ, гдѣ мрачная гора страхъ
                                поселяла,
Которыя хребетъ тускнѣетъ въ обла-
                                кахъ,
Цирцея блѣдная, смущенная, въ слезахъ
        Прошедшее воспоминала.
И взоры дикіе, по пѣнистымъ валамъ
Блуждая, милаго преступника искали.
И мнитъ она еще узрѣть Улисса тамъ;
Въ нее жизнь новую сіи мечты вливали!
Трепещетъ грудь ея, безъ друга щастья
                                нѣтъ,
Дрожащимъ гласомъ такъ невѣрнаго зоветъ:
        Свирѣпый, но милой покоя рушитель,
        На мигъ оглянися! жестокой, постой!
        Смотри, какъ страдаю смертельной
                                тоской;
        И если любовь не мой охранитель,
        Прійди, да скончаю я жизнь предъ
                                тобой!

        Печальное сердце тобою сгорѣло;
        Безъ друга вселенна — могила моя;
        Какаяжъ любови награда твоя?

Веселіе слѣдомъ твоимъ улетѣло:
И столькихъ страданій достойна ли я?
Свирѣпый, но милой покоя рушитель,
На мигъ оглянися! жестокой, постой!
Смотри! какъ страдаю смертельной
       тоскои;
И если любовь не мой охранитель,
Прійди! да скончаю я жизнь предъ
       тобой.

Такъ на устахъ ея гласъ скорби за-
       мирлетъ;
Но вскорѣ племена призваніе на власть,
Миитъ силой возвратить себя дражайшу
       часть;
Волшебный кликъ боговъ Тенара поражаетъ,
И внемлютъ ей, стеня, Геката, Флегетонъ,
И Парки блѣдныя и грозный Алектонъ.
Подземныя врата отъ звуковъ попряслися —
И громы грянули — и стоны понеслися;
И жертвенный алтарь куриться пересталъ;
Завѣсой мрачною одѣлася вселенна;
Теченье горняго свѣтила пресѣченно:
И самъ въ жилищѣ тьмы Плутонъ запре-
       петалъ.

  Гласъ ея громомъ
  Въ безднахъ гремитъ
  Трепетнымъ хоромъ
  Грохотъ катитъ;
  Мрачнымъ покровомъ
  Воздухъ одѣтъ;
  Стонъ надъ скалами —
  Горы трещатъ;

Страшно волнами
Воды кипятъ,
Ярко лучами
Звѣзды горятъ.

Отъ силы дерзкія ужасныхъ заклинаній
Юдоли смертныя нарушился покой;
И тѣни изъ гробовъ, шумящею толпой,
Возстали — дикій гулъ отъ страшныхъ
восклицаній.
И вѣтры буйные, сорвавшися съ цѣпей,
Мѣшаютъ съ воплемъ ихъ стонъ яроcти
своей.
Усилья тщетныя! о рокъ неумолимый!
Тебѣль, нещастная, сильнѣйшимъ обла-
дать?
Ты можешь воздыматъ моря необозримы,
И адъ, и небеса на гнѣвъ восколебать;
Но возвратишь, кого любовь не возвра-
тила, —

Твоя немощна сила.

Николай Бобрищевъ-Пушкинъ.

~~~~~~

И

XIX.

ГОРДОСТЬ.

Знаменитый Циммерманъ написалъ большое сочиненіе о гордости, но о гордости національной. Онъ разумѣетъ подъ симъ любовь къ отечеству, любовь къ самой странѣ, религіи, законамъ, нравамъ и обыкновеніямъ. Человѣкъ, влюбленный въ отечество свое, гордъ предъ чужестранцами, и если всѣхъ гражданъ представить въ видѣ сихъ патріотовъ, то подобное Государство и богато и безопасно — оно совершенно щастливо. Сею національною гордостію отличаются Англичане и Швейцары. Но не она предметъ моего разсужденія; я разумѣю подъ гордостью тотъ порокъ, который произведенъ самимъ адомъ для пагубы людей. Ибо чѣмъ можно гордиться человѣку? Будучи слабъ, несовершенъ, во всемъ ограниченъ, будучи игрою страстей, судьбы, какъ дерзаетъ онъ превозноситься надъ себѣ подобными? Міръ сей устроенъ такимъ образомъ, что одинъ не можетъ жить безъ помощи другаго. Сердечное влеченіе невольно привязываетъ насъ къ ближнимъ и удостовѣряетъ насъ, что всѣ мы братья, что всѣ мы равны предъ лицемъ Создателя. Сама природа доказываетъ, что всѣ мы рождены для общества. Живучи въ уединеніи, удаленные отъ родины, друзей, знакомыхъ, сердце наше чувствуетъ какое-то томное, тихое уныніе; чувства наши расположены къ горести, и невольная, сердечная печаль гнѣздится въ душѣ нашей. Никакія забавы, никакія удовольствія не могутъ занять насъ; образъ милыхъ, любезныхъ для сердца представляется воображенію, и мысль по тайному, неизвѣстному влеченію стремится къ нимъ!

Всѣ мы имѣемъ слабости, всѣ съ недостатками, всѣ подвержены заблужденіямъ. Зная собственные пороки, мы должны ихъ извинить и въ другихъ людяхъ. Кротость, смиреніе дѣлаютъ человѣка любезнымъ, привлекательнымъ: если я неимѣлъ средствъ образовать свой разумъ, если не имѣлъ способовъ учиться, и чистосердечно признаюсь въ своемъ невѣжествѣ, — всѣ извинятъ меня. Но человѣкъ хотя и просвѣщенный, а желающій блистать своими знаніями, нетерпимъ, несносенъ въ обществѣ. Богачъ, гордясь своими сокровищами, презираетъ нищихъ, убогихъ, и влагая ихъ пресмы-

кающимися, недостойными его внима-
нія. Но все тлѣнно, все не вѣчно въ
семъ мірѣ! Землетрясеніе, пожаръ и
другіе непредвидимые случаи погло-
щаютъ его богатство — и онъ оста-
нется одинъ, одинъ съ своею гордо-
стію; никто не пожалѣетъ о его зло-
получіи, никто не подастъ ему помо-
щи, никто его не утѣшитъ; ибо онъ
былъ гордъ и высокомѣренъ. Побѣди-
тель превозносится побѣдою, надъ вра-
гами одержанною, превозносится лав-
рами, заслуженными имъ на полѣ бра-
ни; но лавры, чины не утѣшатъ его;
ибо что можетъ быть ненавистнѣе
убійства? Война мать раздоровъ, не-
согласія, виновница гибели мили-
оновъ повелѣваетъ безчеловѣчно
умерщвлять себѣ подобныхъ и почи-
таетъ славою своею гибель своихъ бра-
тьевъ, стоны вдовицъ, вопль сиротъ,
рыданія дряхлаго старца, лишившаго-
ся сыновъ своихъ, единственной опо-
ры ослабѣвшихъ силъ. Герой, упоен-
ный славою и величіемъ! ты гордишь-
ся побѣдою, одержанною тобою надъ
врагами; но взгляни, чего стоятъ те-
бѣ сіи трофеи, взгляни — и обуздай
свое высокомѣріе. — Тамъ — бѣдное се-
мейство, лишившееся отца своего сто-
нетъ, не имѣя рубища для прикрытія
наготы своей, не имѣя куска хлѣба

для поддержанія силъ своихъ — и на кого ропщетъ оно, кого проклинаетъ? Тебя, сынъ безсмертія, тебя осыпан-наго похвалами! — Тамъ, среди стѣнъ, тобою разрушенныхъ, скитаются бѣдные, умирающіе гра-ждане, лишенные домовъ своихъ, укры-вавшихъ ихъ отъ свирѣпости дождя и вѣтровъ, лишенные супругъ, дѣтей своихъ; и на кого они ропщутъ? На тебя сынъ славы, упоеннаго своимъ величіемъ, ликующаго въ великолѣп-ныхъ чертогахъ! Тамъ, подобно Фу-ріямъ, блуждаютъ супруги, обольщен-ныя твоими воинами — и на кого из-рыгаютъ онѣ свою ярость, кого про-клинаютъ? Тебя, сынъ безсмертія, тебя! —

Я не стану описывать всѣ ужас-ныя, разительныя картины твоего безчеловѣчія; не стану описывать страданія поселянъ, тобою раззо-ренныхъ, — ни жалобъ юныхъ дѣ-вицъ, лишенныхъ любезныхъ своему сердцу, — ни стоновъ опечаленной матери, потерявшей сыновъ своихъ — собственное твое сердце мучитъ те-бя! Страшись! рано или поздно услы-шатся стоны, рыданія нещастныхъ жертвъ твоего честолюбія; рано или поздно небесное мщеніе постигнетъ тебя.

Скромность и смиреніе! вы доставляете смертнымъ щастіе, какое только можно найти на семъ свѣтѣ. Аристидъ, освободивъ свое отечество, съ душевнымъ смиреніемъ пріялъ вѣнецъ побѣды — и когда Ѳемистоклъ коварными своими происками убѣдилъ Грековъ изгнать его изъ Аѳинъ, великій мужъ вышелъ изъ града съ тѣмъ же спокойствіемъ, какое изображалось на челѣ его, когда онъ, увѣнчанный лаврами, шествовалъ во градъ отечественной. „Дай Богъ, сказалъ онъ, прощаясь съ Аѳинами, дай Богъ, чтобъ Греки не имѣли во мнѣ нужды." Вотъ черта истиннаго величія, смиренія и скромности! Чрезъ нѣсколько времени, будучи опять возвращенъ, онъ забылъ вражду съ Ѳемистокломъ — и добродѣтелью своею сдѣлалъ его нелицемѣрнымъ, истиннымъ своимъ другомъ. Гордость помрачаетъ и самыя добродѣтели. Ѳемистоклъ, побѣдитель Ѳемистоклъ, спаситель Аѳинъ, зараженный гордостію, гналъ справедливаго и добродѣтельнѣйшаго изъ смертныхъ, и всѣ его достоинства запятнались единою чертою гордости.

Горделивцы спасны для общества, они сооружаютъ славу свою на нещастій ближняго, но внемлютъ ни стонамъ, ни рыданію своихъ братьевъ; они думаютъ, что они только велики, что всѣ должны имъ повиновашься. Богатый гордишся богатствомъ; но онъ бѣденъ, ибо не имѣетъ добродѣтели; — вертопрахъ красотою; но онъ безобразенъ, ибо лишенъ красоты душевной; мечтатель превозносится своими знаніями; но онъ ничего не знаетъ, ибо истинное знаніе состоитъ въ познаніи Бога! Нещастливы горделивые; ибо *начало гордаго человѣка отступленіе отъ Господа есть*, говоритъ Сирахъ. Злой духъ, съ высоты величія низринутый въ гнуснѣйшее, ненавистнѣйшее жилище; злой духъ врагъ Бога, врагъ добродѣтели вселяетъ въ сердца сей гнусный порокъ. Онъ былъ причиною паденія первыхъ человѣковъ, былъ причиною развращенія смертныхъ. Отъ гордости родилось презрѣніе къ подобнымъ себѣ, тщеславіе, жестокосердіе, своеправіе. Какъ смѣшонъ, несносенъ глупецъ, гордящійся своимъ богатствомъ, знатностію, благородствомъ происхожденія; самъ ли онъ пріобрѣлъ это? Богатство, знатность и благородство получилъ онъ отъ своихъ предковъ — и безъ добродѣтели, онъ бѣденъ и нещастливъ. — Умный добродѣтельный бѣднякъ въ глазахъ моихъ гораздо почтеннѣе золотаго истукана, гордящагося блескомъ, знатностію предковъ. Гордость нарушаетъ согласіе въ обществѣ — она пораждаетъ неблагодарность, которая отравляетъ все доброе и благородное. И можно ли равнодушно смотрѣть на упоеннаго гордостію человѣка, который ничего хорошаго не видитъ въ другихъ — но вездѣ всегда и все желаетъ быть самъ?

Слабые и жалкіе мы смертные! не взираемъ на Провидѣніе: Оно примѣръ всѣхъ добродѣтелей. Горделивые! воззрите на Создателя вашего. Его благій промыслъ одарилъ васъ душею, отличающею васъ отъ всѣхъ прочихъ тварей; Онъ поставилъ васъ властелинами всего видимаго; Его попечительною любовію тучнѣютъ стада ваши; Его благотвореніе удобряетъ нивы ваши — и вы осмѣливаетесь возноситься, получая все свыше! Раздѣлите стада свои съ бѣдными, неимущими братіями, одежду съ нагими, изнемогающими старцами; предложите дружбу вашу нещастному гонимому судьбой и злобою людей — будьте ему другомъ, братомъ, отцомъ — тогда только вы будете истинно велики, благополучны! тогда съ благородною гордостію можете сказать: *я это сдѣлалъ!* . . . .

Акимъ Колошинъ.

XX.

УТРЕННЯЯ ПѢСНЬ.

Изъ Геснера.

Гряди, гряди краса природы,
   Прелестный, юный день!

Уже златымъ лучемъ проникнувъ
   Сквозь горы облаковъ,

Ты заблисталъ въ слезахъ Авроры
   И въ чистомъ семъ ручьѣ.

О юный день! ты намъ веселье
   И бодрость возвратилъ.

На розахъ опочившій зефиръ,
   Проснувшися, вспорхнулъ,

И съ нихъ дыханьемъ благовоннымъ
   Сгоняетъ томный сонъ.

И сновидѣнія, Морфея
   Послушные рабы,

Летятъ шумящими толпами
   Отъ взора твоего.

Сбирайте, зефиры, сбирайте
   Съ сихъ лилій ароматъ,

И съ нимъ летите къ милой Хлоѣ,
   Объятой сладкимъ сномъ.

Лобзайте дѣвственныя перси
   И розовы уста,

И съ вѣждъ любезнаго младенца
Свѣваппе легкой сонъ.

Когда къ проснешся, то скажите,
Что утренней зарей,

Уединясь, на тихой лирѣ
Я здѣсь ее воспѣлъ!

Викт. Чюриковъ.

~~~~~~

XXI.
ИСТИНА.
Индейская повѣсть.

Одинъ Факиръ, прогуливаясь по полю, услышалъ звуки выходящіе изъ земли. „Это мѣсто, сказалъ онъ, вѣрно заключаетъ въ себѣ сокровище; надобно достать его." Факиръ началъ копать землю, проникнулъ сводъ: но послѣ чрезмѣрнаго труда, къ сожалѣнію своему, увидѣлъ только отверстіе колодезя, забытаго уже нѣсколько вѣковъ. Онъ посмотрѣлъ туда и увидѣлъ выходящую женщину безъ покрывала и дрожащую отъ холода. О ты, которая превосходишь красотою своею всѣхъ дѣвъ Брама, воскликнулъ Факиръ, позволь узнать невольнику твоему, кто ты и для чего ты столь долго скрывалась отъ взоровъ въ смертныхъ? Я Истина, отвѣчала незнакомка. Факиръ, поблѣднѣвши, тотчасъ скрылся.

Старшая дщерь Времени продолжала путь свой по берегу Гангеса. Она встрѣчала Поэтовъ, купцовъ, мущинъ и женщинъ: Поэтамъ казалась печальною, купцамъ бѣдною, женщинамъ несвоимо, мущинамъ суровою. Никто не хотѣлъ принять ее.

Нещастная Истина, видя такую не-
справедливость, боялась остаться безъ
убѣжища. Тутъ явился Визирь: онъ
внимательно разсматривалъ стран-
ницу, и примѣтя въ ней трогатель-
ную и величественную красоту, рѣ-
шился познакомиться съ нею и пред-
ложилъ ей взойти въ его колесни-
цу. Истина согласилась и тотчасъ
узнала характеръ Визиря, который
сперва не отвергалъ ея наставленій
и надѣялся употребить ихъ въ поль-
зу своего отечества. Онъ предложилъ
почтенной Истинѣ свой дворецъ; но
вскорѣ тамъ всѣ сдѣлались ея вра-
гами и всякой говорилъ: какъ небла-
горазумно поступилъ Визирь, что
взялъ къ себѣ такую болтунью. Скоро
она перестала нравиться Визирю; но
онъ ей еще покровительствовалъ и не
хотѣлъ отсылать; а узнавши, что
Султанъ хотѣлъ быть у него на дру-
гой день по утру, и боясь, чтобъ онъ
ее не увидѣлъ, приказалъ тотчасъ умер-
твить ее. Эмиры, восхищенные симъ
схватили и задушили бѣдную Истину;
тѣло ея бросили они въ самое уединен-
ное мѣсто въ саду. Довольные своимъ
мщеніемъ Эмиры пришли увѣдомить по-
велителя о успѣхѣ злодѣянія своего. Ви-
зирь, почитая себя безопаснымъ, былъ
очень доволенъ, освободясь отъ несно-

снаго товарища, и спокойно приг то-
вился принять своего Государя. — Но
сколь велико было его заблужденіе! По-
рочные люди полагаютъ, что Истина
мертва; но въ своемъ мнѣніи они оши-
баются. Истина воскресла, и восполь-
зовавшись темнотою, вышла изъ саду.
Визирь примѣтилъ скоро, что жертва
избѣгнула его злобы. Онъ повелѣлъ за-
держать ее; но усилія его были тщет-
ны. Она скрылась отъ преслѣдованій и
ненависти.

Между тѣмъ, какъ всѣ старались
о погибели ея, Истина спокойно вы-
шла при утренней зарѣ изъ города.
„Куда обращусь я, сказала она?“ кто
захочетъ принять меня? Пребываніе
мое въ сихъ окрестностяхъ для меня
опасно; пойду лучше въ села и хижины;
тамъ обитаетъ невинность; я должна
найти убѣжище.“ По окончаніи сихъ
словъ, она продолжала путь свой и
пришла скоро къ уединенной и спо-
койной долинѣ, посреди которой на-
ходился простой домикъ съ краси-
вымъ садомъ. „Ахъ! я не опасаюсь
теперь, вскричала Истина, я найду
здѣсь покровительство. Она смѣло по-
стучала въ двери и просила убѣ-
жища. Здѣсь обиталъ мудрый Пиль-
пау; сей Философъ легко ее узналъ.
Истина коротко разсказала исторію

своихъ нещастій. „Сія откровенность
мнѣ нравится, сказалъ мудрецъ, но
заставляетъ меня трепетать о твоей
участи: если узнаютъ, тогда ничто
не спасетъ тебя; послѣдуй за мною,
ты будешь безопасна.“ Тогда повелъ
онъ ее въ пространную галлерею, гдѣ
были расположены въ порядкѣ изо-
браженія всѣхъ животныхъ и расте-
ній. При первомъ взглядѣ можно было
узнать, что это былъ кабинетъ басно-
писца. Пильпау, показавши сіе Истин-
ѣ, сказалъ: ты не умѣешь скрываться;
тебѣ надобно перемѣнить видъ, и
я могу по твоему выбору переселить
тебя во всѣ существа, которыя ты
здѣсь видишь и которыя тотчасъ
одушевятся. Ты будешь безопасно
упрекать самаго Визиря въ его поро-
кахъ. Истина приняла предложеніе. Ге-
ній избавитель, ею оживленный,
распространилъ свѣтъ въ Индостанѣ.
Визирь былъ свергнутъ и Пильпау воз-
веденъ на его мѣсто. Онъ достигъ
глубокой старости посреди народныхъ
благословеній. Примѣръ столь великаго
щастія произвелъ многихъ завистни-
ковъ и подражателей; но Истина,
которая предвидѣла ихъ намѣреніе,
продолжала скрываться въ твореніяхъ
мудраго Пильпая.

В. Софановичъ.

XXII.

ВОКЛЮЗСКІЙ ИСТОЧНИКЪ.

Изъ Делиля.

Воклюзъ ! щастливый токъ ! души
обворроженье !
Тебя ль, тебя ль узрѣшь тому безъ восхи-
щенья ,
Кто пламенемъ богинь Парнасскихъ ожив-
ленъ ,
Иль нѣжной, страстною любовью упоенъ ?
Здѣсь, средь кремнистыхъ горъ, что долъ
сей окружаютъ ,
И твой подземный бѣгъ кристалломъ на-
поютъ ,
Уединясь, подъ сводъ скалы гранитной сей,
Гдѣ Нимфа скромная, таяся отъ людей,
Рожденіе твое въ пучинѣ скрыла мразной,
Съ какимъ восторгомъ и потокъ твой
зрѣлъ прозрачной !
То въ бездны съ горъ крутыхъ струи среб-
ра онъ льетъ ,
То съ шумомъ волнъ изъ бездиъ кипящей
пѣной бьетъ ,
Клубится — береговъ унесы потрясая ;
То влагу пѣнисту буграми воздымая,
Несется, яростный, погибелью лугамъ. . . .

И вдругъ, смягча свой гнѣвъ, велишъ
                    златнымъ струямъ
Катишься въ тишинѣ, съ безпечностью
                    прелестной,
И умножать красы долины сей чудесной!
 .   .   .   .
Но дружба и любовь для сердца несрав-
                    ненны:
Вотъ брегъ, гдѣ столько разъ, востор-
                    гомъ упоенный,
Страсть нѣжную Петрарк Лаурѣ вос-
                    пѣвалъ
И первый солнца лучь, и ночи тьму
                    встрѣчалъ.
Хранители вы еще, скалы уединенны,
Ихъ нѣжны имена, рукой ихъ сопле-
                    тенны!
И ты, щастливый дубъ, какъ часто въ
                    знойны дни
Прелестная въ твоей покоилась тѣни! —
Еще отзывы горъ Лауры не забыли.
Они за мной ее стократно повторили!
Повсюду образъ зрѣлъ прелестныя черты —
Онъ множилъ, онъ живилъ природы кра-
                    соты!

                    Викт. Чюриковъ.

～～～～～

XXIII.

ИЗОБРАЖЕНІЕ ЗАДУМЧИВОСТИ

И свѣта удалясь, и суетныхъ же-
лаиій,
Въ ночномъ безмолвіи бесѣдуя съ луной,
Сидитъ Задумчивость съ поникшею главой.
Питаетъ грудь свою пріятностью меч-
таній,
На небо возведя молящіе глаза.
Улыбка на устахъ, но сердце угнѣтенно;
Катится по лицу горячая слеза.
Блуждаетъ взоръ ея въ лѣсу уединенномъ.
Въ предметъ свой углубясь, лѣсамъ его
ввѣряетъ —
И имя милое тутъ въ воздухѣ несетъ;
Въ устахъ любезная ей тайна замираетъ,
Печальная душа въ очахъ у ней живетъ.
Свистъ вѣтровъ, шумъ морской ея прон-
заетъ слухъ,
Журчащій ручеекъ ей щастье вспоминаетъ,
Ревущій водопадъ ея волнуетъ духъ —
Унынье блѣдное вездѣ ее срѣтаетъ.
Заря румяная когда багрянитъ понтъ
И море все горитъ различными огнями —
Стыдливыя луны не видитъ горизонтъ —
Задумчивость сидитъ безмолвная съ меч-
тами —

I

И вдругъ, какъ пробудясь, окрестъ себя
глядишъ —
Возводишъ къ небу взоръ — лишь вздохъ —
и вновь молчанье ,
Въ глазахъ отчаянье , надежда и желанье;
Но призракъ щастія отъ горестной бѣ-
житъ.

Василій Вердеревскій.

XXIV.

КАКЪ ЖИТЬ ВЪ СВѢТѢ?

Солонъ, знаменитый законодатель Аѳинскій, въ бытность свою въ Сардахъ у Креза, предложилъ ему нѣкоторыя истины, коихъ тогда никто не любилъ охотно слушать. Не удивительно, что и Крезъ съ пренебреженіемъ отвергнулъ ихъ; придворные крайне изумились дерзости Аѳинянина. Тогда Солону говорили, что не должно показываться на глаза великихъ людей, или занимать ихъ одними веселостями. Скажите лучше, возразилъ Солонъ, или надобно убѣгать, или хвалить ихъ. — Кто сказалъ справедливѣе? — Я думаю, но и другое правда. Кто хочетъ понравиться великимъ людямъ, тотъ долженъ умѣть утѣшать ихъ; но кто хочетъ быть у нихъ значительнымъ, тотъ долженъ угождать ихъ волѣ. — Если же кто ни того, ни другаго не дѣлаетъ, тотъ какимъ образомъ съ ними поступать будетъ? Мнѣ кажется, что въ семъ случаѣ, какъ во многихъ другихъ, знатные люди ничѣмъ не отличаются отъ прочихъ смертныхъ.

I 2

Скособности у людей разныя, говорилъ Ѳемистоклъ, побѣдитель Персовъ: „одинъ умѣетъ свистать, другой изъ небольшаго города сдѣлать обширный.“ Иногда природѣ угодно произвести такого человѣка, которой вмѣщаетъ въ себѣ и то и другое. А кто ни тѣмъ ни другимъ не одаренъ? — На это Свифтъ отвѣчаетъ: кто не доставляетъ ни пользы, ни удовольствія, тотъ долженъ быть изгнанъ изъ общества людей. И это справедливо.

Изъ Виланда — Ник. Булдаковъ.

XXV.

СИРЕНЫ ИЛИ УДОВОЛЬСТВІЯ.

Сирены были дщери Ахелоя и Терпсихоры; онѣ имѣли крылья; но дерзнувъ спорить съ Музами, лишились крыльевъ своихъ; Музы сдѣлали изъ нихъ вѣнки. Съ сего времени всѣ божества Парнасса, кромѣ матери Сиренъ, являлись съ крыльями на головѣ. Сирены, сіи Нимфы очаровательницы, обитали на прелестныхъ островахъ, куда онѣ старались привлекать мореплавателей пріятностію пѣсней своихъ. Неопытные засыпали въ нѣгѣ и Сирены пожирали ихъ. Онѣ собрали множество нещастныхъ жертвъ; никто не былъ въ состояніи противиться ихъ пріятному голосу, которой обворожалъ всѣ сердца слабыхъ и чувствительныхъ. Улиссъ и Орфей спаслись отъ ихъ очарованій; первой закрывъ уши воскомъ, велѣлъ привязать себя къ мачтѣ корабля; другой прибѣгнулъ къ могуществу лиры, посвященной прославленію боговъ; ея гармонія была превосходнѣе пѣнія Сиренъ.

Удовольствія раждаются среди изобилія и радостей. Страсти окри-

ляютъ ихъ, чтобы похитить сердце
человѣка. Разсудокъ и ученіе умѣряютъ
стремленіе страстей. Философія учитъ
презирать очарованіе удовольствій;
она облагородствуетъ и возвышаетъ
душу величіемъ наблюденій; она позво-
ляетъ на землѣ наслаждаться удоволь-
ствіями Поэзіи и другихъ изящныхъ
искусствъ.

Удовольствія обитаютъ на островѣ;
это значитъ далеко отъ шума и безпо-
койства. Въ семъ-то очаровательномъ
уединеніи сладостныя страсти начи-
наютъ прельщать людей; многіе слѣ-
дуютъ гласу ихъ, наслаждаются; тог-
да сердце становится изнѣженнымъ,
изнемогаетъ, слабѣетъ, совершенно
погружается въ бездну сластолюбія,
цѣпенѣетъ — и ничто не можетъ спа-
сти его. Но въ сей гибельной пропасти
есть средство къ спасенію; мудрые
учатъ убѣгать сихъ обольщеній —
всего, что влечетъ за собою праздно-
сть, скуку, несчастіе; они науча-
ютъ съ состраданіемъ взирать на
страсти слабыхъ людей, которые
обольщаются суетными и ничтожны-
ми предметами. Страсть почтенна,
когда она сопровождается добродѣтелью.
Одна только Философія можетъ враче-
вать недуги Сердецъ.

Изъ Вакона — Сергій Сазоновичъ.

XXVI.

МАРАДЪ.

Восточная повѣсть.

Въ царствованіе Чингизъ-Хана, завоевателя Востока, въ Самаркандѣ жилъ купецъ, извѣстный во всей Индіи какъ обширною торговлею своею, такъ и своею честностью. Магазины его наполнены были сокровищами самихъ отдаленныхъ странъ; всѣ драгоцѣннѣйшія произведенія природы и искусствъ, однимъ словомъ, все полезное для людей — въ нихъ находилось. Улицы Самарканды становились тѣсны отъ колесницъ Нурадиновыхъ; Оксусъ стеналъ подъ тяжестію судовъ его; самые вѣтры, рѣдко постоянные, не смѣли противиться парусамъ его.

Наконецъ Нурадинъ впалъ въ болѣзнь, весьма обыкновенную въ старости — онъ сдѣлался чрезвычайно слабъ; сначала старался онъ прогнать ее трудами, а потомъ — праздностью; но видя, что силы его ежедневно уменьшались, онъ прибѣгъ къ славнѣйшимъ врачамъ своего времени — и тотчасъ комнаты его наполнились элексирами, благовонныли мастьми и крѣпительными соками. Восточные перлы, ароматы Аравійскіе, всѣ драгоцѣннѣйшія произведенія природы были употреблены на то, чтобы возвратить силу его мышцамъ и воспламенить охладѣвшую кровь его.

Нурадинъ нѣсколько времени питался надеждою, и исполнялъ предписанія врачей; но скоро болѣзнь овладѣла имъ совершенно и тогда - то онъ увидѣлъ, что не въ силахъ былъ купить себѣ здоровья; одно только отвращеніе, которое онъ имѣлъ отъ смерти, подкрѣпляло его надежду на выздоровленіе.

Въ одну ночь Нурадинъ почувствовалъ себя гораздо хуже обыкновеннаго; тотчасъ призываетъ онъ къ себѣ сына своего юнаго, прелестнаго, какъ майское утро. ,,Сынъ мой! говоритъ ,,ему Нурадинъ, ты видишь во мнѣ ,,примѣръ ничтожности и безсилія ,,смертныхъ. Было время, когда и отецъ ,,твой наслаждался щастіемъ — свѣжій, ,,какъ весенняя роза, твердый и могу- ,,щественный, подобно кедру Ливан- ,,скому. Народы Азіи освѣжались его ,,росою; искусства и торговля покоились ,,въ тѣни его вѣтвей. Зависть, взирая ,,на него, вздыхала. Корень его, гово- ,,рила она, глубоко вонзенъ въ землю; ,,волны Оксуса орошаютъ его; далеко ,,распростираетъ онъ вѣтви свои, пре-

„зиран бури и громы. — Его опора —
„благоразуміе; на вершинѣ его благо-
„получіе владычествуетъ. И это дере-
„во, сынъ мой, изсохло и готово раз-
„рушиться. Щастіе благопріятство-
„вало мнѣ въ торговлѣ; всѣ мои жела-
„нія съ точностію исполнялись; я пла-
„валъ въ удовольствіяхъ: всѣ удивляют-
„ся моимъ чертогамъ, блестящей
„многочисленной моей свитѣ, — но ни
„кто не видалъ еще всѣхъ богатствъ
„моихъ. Показавъ ихъ, я боялся воз-
„будить противъ себя ненависть и
„злобу. Возьми сей свитокъ, любезный
„Марадъ! онъ покажетъ тебѣ, гдѣ
„сіи сокровища. Еще нѣсколько мѣ-
„сяцовъ думалъ я посвятить тор-
„говлѣ, потомъ насладиться въ ти-
„шинѣ и спокойствіи щастіемъ жиз-
„ни: но рука смерти тяготѣетъ надо
„мною; я чувствую хладъ въ моихъ
„жилахъ. Молю небо, чтобы ты лучше
„меня умѣлъ воспользоваться богат-
„ствами.“ Мысль разстаться съ свои-
ми сокровищами столь много огорчала
Нурадина, что вскорѣ потомъ смерть
пресѣкла дни его.

Марадъ, нѣжно любившій отца
своего, былъ чрезвычайно опечаленъ
его смертію. Два часа провелъ онъ въ
страшномъ мученіи; онъ даже забылъ
о полученной имъ бумагѣ; но когда го-

К.

ресть его несколько уменьшилась, онъ
сталъ читать ее; и какъ описать ра-
дость, овладѣвшую душею его при чте-
ніи сей бумаги? Онъ увидѣлъ себя об-
ладателемъ сокровищъ несмѣтныхъ,
какихъ, при всемъ желаніи быть бога-
тымъ, онъ не могъ вообразить себѣ. —
Едва могъ онъ вспомнить, что Нура-
динъ требовалъ отъ него послѣдняго
долга — похоронъ. Сообразуясь съ сво-
ими сокровищами, и болѣе изъ тще-
славія, нежели изъ любви къ покойному
отцу, онъ отправилъ ихъ великолѣпно.

Марадъ былъ воспитанъ въ умѣ-
ренности, и всегда смотрѣлъ завист-
ливыми глазами на удовольствія, ко-
торыми наслаждались его товарищи.
,,Теперь, думалъ онъ, щастіе въ ру-
кахъ моихъ; я могу доставить себѣ все
то, чего прежде желалъ такъ сильно."
Онъ рѣшился дать волю всѣмъ стра-
стямъ своимъ, стараясь единственно
о средствахъ удовлетворить ихъ.

Онъ произнесъ одно слово — и
великолѣпная колесница явилась у чер-
тоговъ его; богатыя одежды заблиста-
ли на его невольникахъ; златотканые
ковры покрыли гордыхъ коней его. Ма-
радъ разсыпалъ щедрою рукою злато
народу; народъ привѣтствовалъ его
восклицаніями радости, и восхищенный
Марадъ съ гордостію внималъ имъ.

Богачи ему завидовали; вельможи пылали противъ него мщеніемъ; умные люди пре видѣли упадокъ его. Марада увѣдомили объ угрожающей ему опасности. Тотчасъ, въ присутствіи враговъ своихъ, облекается онъ въ печа бную одежду, не щадитъ ни п дарковъ, ни прозьбъ — и укрощаетъ гнѣвъ ихъ.

Величайшее жела іе Марада было усилиться г раздо болѣе союзомъ родства съ Аравійскими Князьями. Онъ отправилъ къ нимъ богатые дары, съ требованіемъ руки одной изъ Княженъ. Но и то и другое было отвергнуто имъ. — Одна Восточная Царица согласилась его увидѣть. Она приняла его сидя на тронѣ, великолѣпно одѣянная, увѣнчанная короною и держа въ рукахъ Царскіе доспѣхи. Съ трепетомъ приближился къ ней Марадъ. Она примѣтила страхъ его и сказала ему съ презрѣніемъ: малодушный! какъ хочешь ты, чтобы женщина, которой взоры тебя устрашаютъ, могла тебѣ повиноваться? удались отсюда — сокровища твои не украсятъ тебя въ глазахъ моихъ. Марадъ! ты рожденъ быть богатымъ — но не великимъ.

Сей отказъ устыдилъ Марада; онъ пересталъ думать о славѣ, ограничивъ себя одними чувственными удовольствіями. Купивши богатыя помѣстья

К 2

въ отдаленныхъ странахъ Индіи, онъ перенесъ туда свое жилище, построилъ множество увеселительныхъ Замковъ, насадилъ рощи, повелѣлъ струиться источникамъ; однимъ словомъ, онъ обладалъ всѣмъ, что только роскошь изобрѣсти могла.

Забавы сіи нравились Мараду нѣсколько времени; но скоро и онѣ ему наскучили. Рощи потеряли для него свой запахъ, журчанье ручейковъ — прелесть свою. Ничто уже не веселило Марада; ничто не могло наполнить пустоту души его, ни удовлетворить его желаніямъ.

Наконецъ возвратился онъ въ Самаркандую, и чертоги его сдѣлались прибѣжищемъ людей праздныхъ, жаждущихъ однѣхъ удовольствій. Столъ его былъ всегда наполненъ вкуснѣйшими яствами; дорогія вина Лесбосскія и Кипрскія пѣнились въ золотыхъ чашахъ; комнаты благоухали восточными ароматами. Стройные звуки лиръ, сладостные гласы пѣвицъ наполняли восторгомъ сердца слушателей. Весельемъ и пиршествами привѣтствовалъ Марадъ восходящее и заходящее солнце. ,,Наконецъ, воскликнулъ онъ, узналъ ,,я, какъ должно употреблять свои сокровища! чего недостаетъ къ моему ,,щастію? Какая печаль можетъ возму-

,,пить мое спокойствие? какая опа-
,,сность можеть угрожать мнѣ посре-
,,ди друзей моихъ, которыхъ единствен-
,,ное желаніе — мнѣ понравиться.“
Такъ мечтая, Марадъ съ возвышенна-
го мѣста наблюдалъ радость, сіявшую
на лицахъ гостей его; но въ самое то
время Кадій пришелъ звать его къ
Султану. Сія неожиданность порази-
ла друзей его; нѣсколько времени они
пребыли безмолвны; потомъ мало по
малу удалились изъ залы, и никто
не отважился принять его защиту. На-
противъ того, одинъ изъ нихъ, на
котораго Марадъ болѣе полагался,
обвинялъ его въ измѣнѣ, надѣясь полу-
чить за сіе открытіе отъ Султана
награду. По щастію Марадъ былъ оправ-
данъ — и обвинитель его заключенъ
въ темницу.

Тогда-то увидѣлъ Марадъ, сколь
худо дѣлалъ онъ, полагаясь на дружбу
тѣхъ людей, которые живутъ только
для удовлетворенія чувственныхъ сво-
ихъ удовольствій. Уставши гоняться
за щастіемъ — онъ прибѣгнулъ къ од-
ному мудрецу, славному въ то время,
и требовалъ отъ него совѣта. — ,,Ма-
,,радъ! сказалъ Философъ, ты гонялся
,,за мечтою. — Богатства ослѣпили
,,тебя; ты ожидалъ отъ нихъ гораздо
,,болѣе, нежели чего ожидать можно.

„Онѣ не прибавляютъ мудрости; ибо
„вспомни, съ какимъ тщеславіемъ слу-
„шалъ ты восклицанія народныя. Онѣ
„не придаютъ ни мужества, ни вели-
„чія души: — недавно трепеталъ ты
„предъ себѣ подобнымъ; онѣ не доста-
„вляютъ неисчерпаемыхъ удоволь-
„ствій, — ибо и дворцы и сады твои
„наскучили тебѣ. Познай также, что
„онѣ не приобрѣтаютъ намъ и друзей;
„ибо назови мнѣ хотя одного, кто бы
„принялъ твою защиту, когда тебя
„обвинили предъ Султаномъ. Но не
„думай, Марадъ, чтобы богатства
„были совершенно безполезны; нѣтъ,
„есть тысячи случаевъ, въ которые
„мудрый можетъ ихъ употребить съ
„пользою. — Помогай нещастному, по-
„кровительствуй невинному, защищай
„угнетеннаго; — поступай такимъ об-
„разомъ, и ты насладишься величай-
„шимъ щастіемъ въ жизни — чистою
„совѣстію.“

Изъ Джонсона — Викт. Чюриковъ.

XXVII.

Свѣтскія сужденія pro и contra.

I.
Благородство.

Честь содѣлываетъ добродѣтель какъ бы наслѣдствомъ благородства.

Ежели добродѣтель не ведетъ къ благородству, то еще менѣе происходитъ отъ него.

II.
Богатство.

Къ удовольствію или къ добродѣтели, спрашиваютъ Философы, относится щастіе? Не внимайте ихъ спорамъ. Ищите богатства, оно всюду полезно.

Человѣкъ, думающій пріобрѣсти все богатствомъ, не дорожитъ самимъ собою.

III.
Почести.

Почести суть средства, коими Провидѣніе награждаетъ наши достоинства предъ всѣми.

Почести, — пустые знаки. Многіе судятъ по нимъ о внѣшнихъ достоинствахъ человѣка, не почитая внутреннихъ его качествъ.

IV.
Щастіе.

Щастіе достойно почтенія; оно доставляетъ намъ внутреннее спокойствіе и довѣренность каждаго.

Щастіе дозволяетъ намъ пользоваться тѣмъ, что мы обязаны презирать и дѣлать то, чего бы мы не хотѣли дѣлать.

V.
Почтеніе.

Народъ прославляетъ человѣка по одному внушенію. Чудо было бы, когда столько людей слѣдовали бы одному чувству.

Народъ часто прославляетъ самыя бездѣлицы, но такія, которыя по его способностямъ; онъ удивляется всему громкому и блистательному и часто не примѣчаетъ высокой добродѣтели, которая возвышается до небесъ.

VI.
Снисхожденіе.

Снисхожденіе равняетъ вельможъ съ простыми людьми и тѣмъ возвышаетъ ихъ среди имъ равныхъ.

Снисхожденіе бываетъ дѣйствіемъ слабости человѣка, которой боится себѣ подобныхъ, или тщеславія, которое ищетъ себѣ благосклонности.

VII.
Вѣжливость.

Вѣжливой нравъ называютъ золотымъ или по гибкости, или по рѣзвости, или по тому, что его также ищутъ какъ золото.

Вѣжливость есть беспрестанная услужливость. Отказъ человѣка вѣжливаго — грубость, потому и самая вѣжливость его не есть услуга.

VIII.
Молчаніе.

Молчаніе столько же опасно, какъ и мракъ ночи. Оно показываетъ сомнительный умъ, и потому всегда бываетъ подозрительнымъ.

Молчаніе придаетъ основательность разсудку и вѣроятность рѣчамъ.

IX.

Тщеславіе.

Тщеславіе исправля- етъ многіе пороки. Оно годится въ дѣлахъ об- щественныхъ.

Тщеславіе рождаетъ въ насъ любопытство, зависть, ложь, непо- стоянство, пресыщеніе въ добромъ, равно какъ и въ худомъ Оно ис- требляетъ добрые нра- вы и лишаетъ ихъ до- стоинства.

X.

Постоянство.

Постоянство и еди- нообразіе видны въ те- ченіи небесныхъ свѣ- тилъ. Чтожъ будемъ мы, когда къ непосто- янству страстій присо- единимъ непостоянство своего ума?

Человѣкъ, непоколеби- мый въ своихъ намѣре- ніяхъ, подобенъ жесто- кому и неосторожному привратнику, который, опасаясь пустить въ домъ злодѣя, отказыва- етъ честному человѣку.

XI.

Храбрость.

Храбрость научаетъ насъ взирать съ твер- дымъ спокойствіемъ ду- ха на опасности, избѣ- гать ихъ, если иного требуетъ честь; а иногда велитъ воору- жаться и на честь.

Тотъ, кто не доро- житъ своею жизнію, не будетъ дорожить жизнію себѣ подобныхъ.

XII.

Мщеніе.

Мщеніе, — гласъ самолюбія. Онъ тамъ необходимъ, гдѣ законы не всегда бодрствуютъ.

Человѣкъ, готовый мстить, ожидаетъ минуты сдѣлать зло.

XIII.

Неблагодарность.

Неблагодарный оказываетъ иногда справедливость своему благодѣтелю тѣмъ, что позабываетъ его; но сохраняя свою независимость, онъ всегда справедливъ самъ для себя.

Благодѣянія возлагаютъ на насъ обязанности, кои должны быть для насъ священны; ибо мы сами ихъ избрали. По этому неблагодарность есть — несправедливость.

XIV.

Любовь.

Всякой ищетъ самаго

себя; одинъ любовникъ

находитъ себя въ другомъ.

Ничего нѣтъ непостояннѣе любви; она то страстна до того, что не узнаешь самой себя, то до того ужасна кажется себѣ самой, что ей потребны румяна, дабы не узнали ее.

XV.

Нужда.

Нужда, которая ввергаетъ насъ въ случайное какое-либо предпріятіе, доставляетъ намъ средство освободиться отъ него.

Жестокое средство замѣняетъ всегда новое бѣдствіе. Совѣты страха и отчаянія должны быть для насъ бѣдственнѣе раны.

XVI.

Новость.

Люди съ дарованіями и ученостью, облагородствующіе себя и семейство свое, гораздо достойнѣе потомковъ своихъ. Единство въ поступкахъ предполагаетъ твердость въ характерѣ. Слѣпые рабы привычекъ никогда не приобрѣтутъ себѣ славы.

Новость въ учрежденіяхъ всегда опасна. Надобно подражать перемѣнамъ времени, которыя не примѣтны, хотя и кажутся внезапными людямъ не мыслящамъ.

Кн. Мих. Долгорукій.

XXVIII.

ПЕРВАЯ СЦЕНА ИЗЪ ВОЛЬ-
ТЕРОВОЙ ТРАГЕДІИ:

Смерть Цезаря.

ЦЕЗАРЬ и АНТОНІЙ.

Антоній.

Здесь будешь ты Царемъ — насталъ
            сей день священный.
Безсмертной славою твоей Римъ изумлен-
                ный
Познаетъ въ Цезарѣ, враждой къ нему горя,
Отмстителя, покровъ, поборника, Царя.
Антоній, знаешь ты, врагъ зависти и
               лести,
Онъ болѣе тебя твоей защитникъ чести;
Готовы цѣпи — въ нихъ спѣши Римъ за-
                ключить;
При Цезарѣ я радъ вторымъ изъ Римлянъ
               быть,
Горжусь, какъ самъ въ вѣнцѣ — тебя Ца-
          ремъ, зря міра:
Служенье Юлію пріятнѣй, чѣмъ порфира.
Но Цезарь, ты молчишь — лишь вздохи
             грудь тѣснятъ:
Я радуюсь, а ты печалію объятъ.
Тебѣ ли, міра Царь, унынью предаваться!

Иль можешь ты роптать, иль можешь
ты бояться?
Что духъ нестрепетный могло такъ устра-
шить?

Цезарь.

Антоній! ты мнѣ другъ, все радъ те-
бѣ открыть.
Я разстаюсь съ тобой, внемля судебъ
закону,
Да Римляне несутъ месть грозну Вавилону;
Иду я поражать воинственныхъ Парѳянъ,
И гордымъ отомщу стыдъ Красса и Римлянъ;
И скоро Римскіе орлы крылаты, мочны
Перуны понесутъ — разить страны во-
сточны,
И Римляне горя враждою къ нимъ — от-
мстятъ;
Лишь на главѣ моей вѣнецъ златый узрятъ.
Уже ль не покоритъ тѣ Юлій Цезарь страны,
Которы Александръ низвергнулъ — что
попраны
Лежали передъ нимъ? — Кто Галловъ и
Римлянъ,
Помпея побѣдилъ, слабѣе ль Персіянъ?
Твой другъ надѣешся, и что надежду мно-
житъ —
Кто Риму Рейнъ подвергъ, Евфратъ под-
вергнуть можетъ.
Живитъ меня она — безсильна ослѣпить:
Коварно щастіе надѣюсь побѣдить.
Надежда мудрымъ льститъ — не рѣдко из-
мѣняетъ, —
Помпей то испыталъ и Цезарь испытаетъ;

Въ гражданскихъ замыслахъ, равно какъ и
        въ бояхъ
Отъ славы, торжества — одинъ къ па-
        денью шагъ.
Служилъ я, предводилъ — побѣда въ слѣдъ
        за мною —
И міра цѣлаго я властвовалъ судьбою.
И въ подвигахъ моихъ я опытомъ позналъ,
Что жребій многихъ Царствъ единый мигъ
        рѣшалъ.
Побѣда или смерть, твой другъ не устра-
        шится,
Парѳянъ онъ покоритъ, иль смерти поко-
        рится.
Единаго прошу отъ дружбы я твоей,
Антоній, чтобъ моихъ былъ другомъ сы-
        новей,
Чтобъ падши Римляне и мною вознесенны
Сынамъ моимъ, какъ мнѣ, остались под-
        чиненны;
Но если я умру — Антоній, въ сей странѣ,
Чтобъ кровные и другъ наслѣдовали мнѣ,
Единаго прошу, единаго желаю:
Дѣтей не забывай — тебѣ ихъ поручаю —
Я клятвъ не требую отъ истинныхъ друзей;
И клятвы смѣшны въ невѣрности людей.
Довольно словъ — онѣ мнѣ болѣе священны,
Чѣмъ алтари боговъ, льстецами окружены.

А н т о н і й.

Жестоко слышу я велѣнье отъ тебя;
Ты ищешь и войны и смерти безъ меня;

Для друга остаюсь въ предѣлахъ Италій-
           скихъ,
Коль слава ждетъ его вдали . . . .въ стра-
           нахъ Азійскихъ.
Но сокрушаюсь, зря, что духъ великій
           твой,
Не вѣря щастію, грозитъ себѣ бѣдой;
Я тайны не постигъ, котору открыва-
           ешь;
Кому? какимъ сынамъ престолъ свой раз-
           дѣляешь?
Тебѣ Октавій сынъ — другихъ не знаю я,
И дому Царскаго надежда въ немъ твоя.

Цезарь.

Другъ, тайну нынѣ скрыть мнѣ го-
           ресть запрещаетъ,
Котора грудь отца въ безмолвіи терзаетъ;
Октавій мнѣ, какъ сынъ, закономъ утвер-
           жденъ:
По мнѣ и Цезарь онъ — онъ мной усыно-
           вленъ;
Но злобною, или всещедрою судьбою
Родной дарованъ сынъ, и сынъ любимый
           мною.
Такъ, я люблю его; но къ скорби страш-
           ной, злой,
Не знаетъ онъ любви и презираетъ мной.

Антоній.

Кто недостойный сей? кто сей небла-
           годарный,
Владыкѣ Римскому богами дарованный?

136

Цезарь.

Внемли . . . . нещастнаго ты знаешь
Бруша — онъ . . .
Свирѣпы доблести внушилъ ему Катонъ.
Сей древнихъ нашихъ правъ защитникъ
непреклонной,
Опасный врагъ Царей и власти ихъ вер-
ховной,
Всегда противъ меня съ оружіемъ въ рукахъ,
Вражду воспламенилъ ко мнѣ въ моихъ
врагахъ,
Среди Ѳессаліи, на брани мной плѣненный,
И вопреки ему два раза мной спасенный,
Сей Брушъ и сынъ драгой и страшный
изъ враговъ.

Антоній.

Возможно ль! Брушъ!

Цезарь.

Читай — изъ сихъ познаешь словъ —

Антоній.

Сестра Катонова Сервилія надменна!

Цезарь.

Втай брака узами со мною сопряжена;
Но непреклонный братъ ко мнѣ вражду
питалъ,
Въ моихъ ее глазахъ другому обручалъ;
И въ день, въ которой ихъ судьба соеди-
нила,
Сего избраннаго внезапно смерть сра ила, —
И мой родился сынъ. и Брушомъ нареченъ,
Чтобъ враждовать отцу, о боги — встроенъ!
Прочти сіе письмо — вотъ злой судьбы
удары! —

Антоній.

„Я умираю — гнѣвъ боговъ разишъ, гнѣвъ
              ярый,

„Твою Сервилію — и съ ней ея любовь;
„Но помни, что есть Брутъ — твой сынъ,
              твоя онъ кровь —

„Прости! насталъ мой часъ, готова и могила;
„Да любишъ Брутъ тебя, какъ я тебя
              любила.“

Я соболѣзную, что грозною судьбой
Тебѣ дарованъ сынъ, несходный толь съ
              тобой.

Цезарь.

Есть въ Брутѣ доблести — въ немъ
              мужество почтенно,
Величіе души свободой вознесенно;
Гнѣвишъ меня — но милъ — и дерзкій духъ
              его
Превысилъ чувствія всѣ сердца моего.
Онъ мужествомъ великъ — твой другъ ему
              прощаетъ,
Что власть мою, Царя во мнѣ онъ презираетъ.
Коль смертный я, отецъ — мнѣ сердце
              говоритъ:
Онъ истый Римлянинъ, и врагъ твой дол-
              женъ быть —

Иль какъ Римлянину, отечество нещастно
Гласишъ: ты врагъ, злодѣй — ты Царь
              единовластной!
Та вольность, кою самъ навѣкъ хочу стѣс-
              нить,
Повелѣваешъ мнѣ сильнѣй его любить;

Л

И если долженъ Брутъ мнѣ сыномъ назы-
            ваться,
Коль Цезаря онъ сынъ, то долженъ мной
            гнушаться.
Такъ въ пылкой юности тѣжъ мысли я
            питалъ,
Низвергши Суллы власть — тирановъ пре-
            зиралъ.
Я былъ бы гражданинъ, когдабъ Помпей
            надменной,
Своею властію во зло употребленной,
Рожденнаго къ честямъ не оскорбилъ меня;
Когда не Цезаремъ, то Брутомъ былъ бы
            я! —
Повѣрь, что человѣкъ по сану измѣнится,
И въ Брутѣ при честяхъ мысль новая ро-
            дится;
Когда познаетъ онъ, кѣмъ, — и къ чему
            рожденъ:
Вѣнецъ, который мной ему опредѣленъ,
Смягчитъ и нравъ его, мнѣ столь давно
            противной
Мы щастія рабы — се божество всесильно!
Благодѣяніе, порода, твой совѣтъ,
Мнѣ сына возвратятъ, всѣ выгоды и . . . .

                 Антоній.
            Нѣтъ —
Его величія ничто не измѣняетъ,
Ничто не трогаетъ, ничто не удивляетъ:
Всѣ правила его — — не сожалѣть людей;
И въ семъ-то ставитъ онъ честь мудро-
            сти своей,

Которой поправы всѣ чувства драгоцѣнны—
Но Бруту правила сей мудрости священны.
И предразсудокъ сей, что долгомъ онъ зо-
вешъ,
Надъ сердцемъ каменнымъ власть сильную
беретъ;
И самъ Катонъ, Катонъ — сей Стоикъ по-
страдавшій,
Герой Утической, для чести жертвой
ставшій,
Боясь прощенія столь низкаго ему,
Смерть грозну предпочелъ союзу твоему;
Катонъ . . . во и того я менѣе страшился—
Къ неблагодарному любовью ты склонился!

Цезарь.

О другъ, почто меня симъ словомъ поразилъ?

Антоній.

Я изъ любви къ тебѣ такъ скоро все от-
крылъ;

Цезарь.

Но время . . . .

Антоній.

И ему твой другъ недовѣряетъ.

Цезарь.

Иль ненависть . . .

Антоній.

Повѣрь ты мнѣ!

Д 2

Цезарь.

Все забываетъ
Отецъ — я и враговъ отъ смерти избав-
ляль,
Желая, чтобъ народъ меня благословлялъ
И да сердца, моей любовью побѣжденны,
Вселенная и Брутъ мной были бы блаженны;
Антоній мнѣ помогъ народы покорить;
Спѣши, о другъ, теперь и Брута убѣдить —
Ты можешь, умягчивъ его нравъ грубый,
дикій,
По малу укротишь духъ дерзкій, но великій,
Пусть онъ готовится то таинство по-
знать,
О коемъ сердце мнѣ велитъ еще молчать.

Егоръ Познанскій.

XXIX.

ГИМНЪ ПРЕДВѢЧНОМУ.
Подражаніе.

Воскликни громку пѣснь, Всевышнимъ
вдохновенный,
Восторга полный духъ! — взыграй моя
псалтирь!
И я святымъ Твоимъ восторгомъ упоенный—
Да увлеку съ собой къ небеснымъ пѣснямъ
міръ!

И ревность разожжетъ огнемъ своимъ ду-
ховнымъ
Благочестивыя, чувствительны сердца; —
Кадилъ чистаго съ куреньемъ благовоннымъ
Да воспарятъ мольбы къ превыспреннимъ
Творца!

Создавый міръ и кругъ предначертавшій
звѣздный,
И давшій тварямъ всѣмъ жизнь, цѣль и
имена
Великъ Предвѣчный Богъ! Его премудрость—
бездны!

Его благихъ чудесъ вселенная полна! —
Десницу милости Онъ кроткимъ простп-
раетъ,
Страдальцамъ, праведнымъ Онъ Свой да-
етъ покровъ,

Онъ гордыхъ, сильныхъ власть въ ни-
           чтожность обращаетъ.
И грѣшныхъ съ высоты свергаетъ смерти
           въ ровъ.
Хвалите Господа! — и пѣснь Ему вос-
           пойте!
Сколь сладко воспѣвать и прославлять Его!
Ему единому — о смертные, устройте
Органы звучные вы сердца своего! —

Петръ Куроѣдовъ.

XXX.

ОПЫТЪ

о умѣ и словѣ (*).

Человѣкъ, не знавъ всеобщаго тяготѣнія тѣлъ, умѣлъ нѣсколько облегчать силы свои: онъ также, не знавъ законовъ сужденія, сообщалъ другому мысли. Но всѣ сужденія его были невѣрны, непостоянны. *Пріятность и неудовольствіе — вотъ первые его наставники.* Даръ слова возвысилъ умъ его. Какая чудесная разность между Кафромъ и Европейцемъ, между разсѣянными хижинами дикихъ и великолѣпными городами просвѣщенныхъ народовъ, между невѣжествомъ, грубостью нравовъ и образованностью — человѣколюбіемъ.

Откуда же душа получаетъ столько средствъ для дѣйствій своихъ? — *Чувства причиною и познаній ея и заблужденій;* безъ нихъ не знали бы предметовъ, насъ окружающихъ — не

(*) Сей опытъ составленъ изъ уроковъ о Логикѣ и Риторикѣ, читанныхъ по руководству Кондильяка и Блера.

было бы искусствъ и наукъ, которыя занимаются природою и человѣкомъ.

При первомъ впечатлѣніи чувства рождается *вниманіе*. Вниманіе иногда обращаемъ мы на два предмета: тогда, сравнивая ихъ, замѣчаемъ сходство и разность — это значитъ *судить*. Нѣсколько сужденій производятъ *умозаключеніе*.

Учить наизусть есть то же, что обращать вниманіе на предметы. *Воображеніе*, увеличивающее и украшающее вещи, есть сужденіе, извлеченное изъ многихъ понятій. Всѣ дѣйствія ума, понятіе, сужденіе, умозаключеніе, разпоряженіе — всѣ сіи способности души имѣютъ одинъ источникъ, одно начало.

Спросятъ меня, гдѣ же бываютъ понятія наши, когда не думаетъ о нихъ душа? На это отвѣчаю вопросомъ же: гдѣ бываютъ звуки, когда играемъ на инструментѣ?

Связь между идеями происходитъ посредствомъ памяти въ томъ самомъ порядкѣ, какой находится между предметами. Мы чувствуемъ нужду: при этой нуждѣ рождается идея о той вещи, которая можетъ удовлетворить насъ. Съ понятіемъ вещи соединены понятія и мѣста и лица и всѣхъ обстоятельствъ предмета. Такимъ образомъ идеи, соединяясь одна съ другою, смотря по разнымъ предметамъ и обстоятельствамъ, составляютъ *разныя познанія*.

Всѣ слова суть или изображенія предметовъ: дубъ, море, солнце; или взаимныя ихъ отношенія между собою: величина, добродѣтель, бѣлизна; или различныя отношенія предметовъ къ намъ самимъ: поднимаю, хвалю, люблю. *Умъ нашъ есть знаніе всѣхъ сихъ отношеній*; онъ бываетъ великъ и обширенъ, чѣмъ болѣе и обширнѣе сіи знанія. Еслибы сравненія наши всегда были точны и справедливы, то и умъ былъ бы чуждъ **заблужденій** и **предразсудковъ**.

Люди издавна ищутъ ключъ отъ истины — и до сихъ поръ не находятъ. Отъ чего? — Истину можно сравнить съ горизонтомъ: дѣти и простолюдины думаютъ достигнуть того мѣста, гдѣ небо сближается съ землею — и никогда не достигаютъ. Такъ и мы ищемъ въ пространствѣ, во времени, въ движеніи, въ монадахъ и атомахъ того, что находится въ насъ самихъ. Истина, добродѣтель, красота — все это одно и то же понятіе въ разныхъ видахъ: одинъ свѣтъ въ разноцвѣтныхъ стеклахъ.

M

Доселѣ извѣстно намъ, что ощущенія или представленія суть единственныя понятія, наши, и мы только знаемъ то, что онѣ изображаютъ намъ. Всякой предметъ имѣетъ главное свойство, къ которому всѣ прочія должны относиться. Наблюдая предметы чувственные, мы доходимъ до понятій отвлеченныхъ. Какъ же пользоваться понятіями и правильно судить? —

Нещастливы мы, пока не знаемъ себя и природы. Заблужденія и предразсудки отъ дѣтства до старости провождаютъ насъ; призраки ослѣпляютъ и совращаютъ съ пути истины. Такъ блудящіе огни во мракѣ ночи ужасаютъ робкаго странника. Должно руководствовать разумъ опытностью; тогда только просвѣтимъ умъ свой и возвысимъ душу — станемъ благоговѣть предъ разумомъ и обожать добродѣтель.

Природа учитъ насъ замѣчать качества предметовъ одно за другимъ. Мы совершенно разумѣемъ вещь, когда разсмотрѣли порознь всѣ ея части. При такомъ наблюденіи, одно познаніе приготовляетъ къ другому, потому что *всѣ идеи бываютъ слѣдствіемъ одной главной, начальной; всѣ сужденія суть предложенія, однозначущія съ первымъ предложеніемъ. Правильно*

*судить, значитъ правильно наблю-
дать.*

Это важная истина во всѣхъ нау-
кахъ и въ жизни нашей. Представьте,
что о ней спорили въ продолженіи
двадцати или болѣе вѣковъ. Она охла-
ждаетъ Догматизмъ благоразумнымъ
Скептицизмомъ, примиряетъ Идеали-
стовъ съ Матеріалистами. Время —
богатство ея, способности — орудія,
мудрость — цѣль. Сія истина извѣст-
на была въ древности одному Сократу.
Въ новѣйшія времена Локкъ убѣдилъ
въ ней, и съ сихъ поръ успѣхи ума
удивительны. Ни мракъ невѣжества,
ни предразсудки — ничто не могло по-
давить его. Душа, посвятившая себя
пользѣ человѣчества, презираетъ за-
висть и ненависть — и возвышается
надъ неблагодарностью. Сколько было
тирановъ для ума; но онъ, какъ силь-
ной атлетъ, извлекъ всѣ науки изъ
хаоса, тѣсно связалъ ихъ, возвысилъ
одну посредствомъ другой и, взойдя
на высоту, какой достигаетъ одно
окриленное воображеніе, увидя предъ
собою человѣка, борющагося со стра-
стями своими — при столь величествен-
номъ зрѣлищѣ, Геній мудрости вос-
кликнулъ: вотъ предметъ мой!

M 2

Вы хотите узнать правила для Красноречія; опытная Философія говоритъ вамъ: *наблюдайте себя и природу, которую намѣрены описывать.* Человѣкъ въ восторгѣ говоритъ иначе, нежели въ спокойномъ расположеніи духа. Въ первомъ случаѣ для него вся природа одушевлена, воображеніе все увеличиваетъ и украшаетъ; въ другомъ онъ смотритъ на все хладнокровно, глубоко проникаетъ каждой предметъ. Отъ того-то *Красноречіе бываетъ стихотворное и прозаическое.* Первое можно назвать юностью, второе мужествомъ.

Когда вы преданы глубокимъ размышленіямъ, тогда и образъ выраженій бываетъ покойной. Но что вы примѣчаете въ спокойной рѣкѣ? — Плавность, ровность. — Тѣ же достоинства и въ прозѣ.

„Когда великая Имперія, какъ ветхое зданіе, сокрушалась подъ сильными ударами Сѣвера; когда Готѳы, „Вандалы, Герулы и другія племена „Скиѳскія вездѣ искали добычи, жили „убійствами и грабежемъ: тогда Славяне уже имѣли селенія и города, „обработывали земли, наслаждались „пріятными искусствами мирной жизни, но все еще любили независимость.„

Вотъ слишкомъ большой періодъ; но онъ такъ искусно связанъ, что, при всей полнотѣ своей, ясенъ и понятенъ. Всѣ слова на своихъ мѣстахъ — не разбиты, а соединены, какъ мысли, зависящія одна отъ другой. Сверхъ того прекрасная и правильная противуположность въ обѣихъ частяхъ періода. Тамъ — Имперія, какъ зданіе сокрушалась; здѣсь — Славяне имѣли селенія. Тамъ — Гоѳы и другіе искали добычи; здѣсь — Рускіе обработывали землю. Тѣ — жили убійствами и грабежемъ; наши — наслаждались мирною жизнію.

Если произшествія трогаютъ васъ и волнуютъ душу, тогда примѣромъ вамъ служитъ водопадъ — слогъ вашъ будетъ отрывистъ. Такъ описывается волненіе въ Новѣгородѣ:

„Раздался звукъ вечеваго колокола, „и вздрогнули сердца въ Новѣгородѣ. „Отцы семействъ вырываются изъ „объятій супругъ и дѣтей, чтобъ „спѣшить, куда зоветъ ихъ Отече- „ство. Недоумѣніе, любопытство, „страхъ и надежда влекутъ гражданъ „шумными толпами на великую пло- „щадь. Всѣ спрашиваютъ; никто „не отвѣтствуетъ.“

Въ повѣствованіяхъ, заключающихъ болѣе страсти, обыкновенно встрѣчаются восклицанія, вопрошенія. На-

блюдайте человѣка, котораго другъ
одержимъ недугомъ: онъ вздыхаетъ,
спрашиваетъ другихъ — самъ разсуж-
дать онъ не въ состояніи; ему един-
ственная опрада, надежда и упованіе
на Промыслъ. Таково слѣдующее мѣ-
сто:

,,Воины! въ послѣдній разъ да обра-
,,тятся глаза ваши на сей градъ,
,,славный и великолѣпный: судьба его
,,написана на щитахъ вашихъ. Вы
,,идете спасти Отечество и навѣки
,,утвердить благіе законы его. Вы
,,любите тѣхъ, съ которыми должны
,,сражаться; но почто же ненавидятъ
,,они величіе Новаграда? Отразите
,,ихъ — и тогда съ радостью при-
,,миримся съ ними. Грядите — не
,,съ миромъ, но съ войною для мира.
,,Донынѣ Богъ любилъ васъ; донынѣ
,,говорили народы: кто противъ Бога
,,и великаго Новаграда? Онъ съ вами;
,,грядите.‘‘

———————

Не таковъ языкъ воображенія. Мы
замѣтили, что предметъ, дѣлающій
на насъ впечатлѣніе, всегда сопровож-
дается многими посторонними обсто-
ятельствами; отъ того всякое поня-
тіе главное имѣетъ при себѣ понятія
постороннія. Воображеніе останавли-
вается на которой - нибудь идеѣ — и,

вмѣсто собственнаго и обыкновеннаго слова, употребляемъ слово посторонняго понятія. Какъ скоро воображеніе воспламенено — тогда рѣчь изливается въ такихъ оборотахъ, которые неупотребительны въ обыкновенномъ разговорѣ.

Вообразите Поэта, въ восторгѣ воспоминающаго освобожденіе Москвы, царицы градовъ Рускихъ: вы вмѣстѣ съ нимъ, въ сладостномъ восхищеніи, воскликните:

„О утро памятно, пріятно!
„О вѣчно незабвенный часъ!“

Сильная радость иногда вырывается изъ груди нашей въ видѣ вопрошенія:

„Гдѣ буйны, гордые Титаны,
„Смутившіе Астреи дни?“

Желаемъ ли когда поразить вниманіе какою-либо мыслію или чувствомъ: тогда или повторяемъ одно слово нѣсколько разъ, или одну мысль представляемъ въ нѣсколькихъ словахъ, изъ которыхъ каждое одно другаго сильнѣе. Сказать, непріятели побѣждены, малое сильнѣе выраженіе:

„Стремглавъ низвержены, попранны
„Въ прахъ, въ прахъ . . . Рекла — и гдѣ они?“

Или рѣзкія черты:

„Ходи съ поникшею главой,
„Шатайся, рвись вкругъ селъ нещастныхъ.“

„И ужасъ мещешъ въ грады,

„И въ долы, и въ лѣса" —

Человѣкъ восхищающійся не похожъ на хладнокровнаго. Въ страсти мы все увеличиваемъ, возвышаемъ, сближаемъ цѣлыя столѣтія, выводимъ на сцену особъ, давно умершихъ. Свойство души возвышенной все увеличивать и возвышать. Этого мало — человѣкъ, по любви къ человѣку, въ страсти своей говоритъ съ предметами неодушевленными — онъ передаетъ имъ избытокъ чувствъ своихъ. Поставьте себя на мѣстѣ Автора, воспоеннаго струями Волги. Вы удаляетесь отъ родимыхъ береговъ, воспоминаете всѣ пріятности юности нашей, которыхъ свидѣтельницей была сія величавая рѣка: въ эту минуту можете ли вы удержать порывъ сердца вашего и не одушевить столько знакомаго предмета, стариннаго друга? Вѣрно вы скажете:

„О Волга! рѣкъ, озеръ краса,

„Глава, царица, честь и слава!

„О Волга пышна, величава!

„Прости — "

Чувство бываетъ еще сильнѣе. Вы поражены завоеваніями Ермака; воспоминая дѣла его, вы забываете разстояніе времени, мѣста — вы, какъ бы съ нимъ разговариваете, обращаясь къ нему:

„Великій! гдѣбъ ты ни родился,
„Хотя бы въ варварскихъ вѣкахъ
„Твой подвигъ жизни совершился . . .
„Но ты . . . . пойдешь —
„Изъ рода въ родъ, изъ вѣка въ вѣкъ.“

Иногда умершіе представляются дѣйствующими предъ нами. Поэтъ, изумляющійся Пожарскому, восхищенный его доблестью, говоритъ:

„О! что я вижу? Побѣдитель —
„Москвы, Отечества спаситель,
„Забывши древность, подвигъ дня
„И вкругъ его гремящу славу,
„Вручаетъ юношѣ державу,
„Предъ нимъ колѣна преклоня!

Подобнымъ чувствамъ прилично увеличеніе предметовъ. Таковы выраженія: „Не Марса ль въ каждомъ зришь героѣ?“ — „Речешь — и двигнется полсвѣта.“ — „Твой Россъ весь міръ дрожать заставитъ.“

Такимъ образомъ, замѣчаетъ Аддисонъ, когда душа наша предается очаровательнымъ прелестямъ воображенія, мы походимъ на тѣхъ героевъ, которые въ романахъ блуждаютъ по вымышленному міру. Но очарованіе внезапно изчезаетъ — вмѣстѣ съ нимъ изчезаетъ и прелестное видѣніе. И въ слогѣ послѣ порывовъ радости, горести, удивленія, слѣдуютъ наблюденія, вѣрное подражаніе видимымъ предметамъ,

гдѣ требуется хорошій выборъ и жи-
вость описанія. Если хотите пове-
рять описаніе, то смотрите, хорошо
ли оно для живописи. Сколько всякой
видалъ картинъ, представляющихъ
сельскіе виды, сколько всякой читалъ
подобныя описанія: не смотря на то,
слѣдующее изображеніе кому не понра-
вится?

„Открытыя поля подъ золотою нивой.
„Вездѣ блестятъ серпы въ рукѣ трудо-
                                    любивой.
„Какой пріятной шумъ! какая пестрота!
„Здѣсь взрослой, тутъ старикъ, съ нимъ
                             рядомъ красота;
„Кто жнетъ, кто вяжетъ снопъ, кто
                          подбираетъ класы;
„А дѣти между тѣмъ, Амуры свѣтло-
                                    власы,
„Украдкой по снопу играючи берутъ,
„Крехтятъ подъ ношею, ——
„Валяются, встаютъ и, усмотря цвѣ-
                                    точикъ,
„Всѣ вдругъ къ нему бѣгутъ, какъ Майской
                          вѣтерочикъ.“

Вотъ образцовая, совершенно от-
дѣланная картина. Предметовъ множе-
ство; но всѣ они относятся къ одному
главному — къ группѣ невинныхъ дѣ-
тей, такъ прекрасно описанной. Можно
ли лучше изобразить дѣятельность
поселянъ, какъ представить и дѣтей

въ прудахъ? Такъ изобрѣтаетъ зна‐
мовъ искусства.

Живопись Поэзіи превосходитъ
обыкновенную живопись, представляя
вдругъ нѣсколько группъ и всё въ дви‐
женіи:

„Ужасный видъ! они сразились;
„Ихъ сабли молніей блестятъ,
„Удары тяжкіе творятъ,
„И обѣ разомъ сокрушились.
„Они въ ручной вступили бой:
„Грудь съ грудью и рука съ рукой;
„Отъ воиля ихъ дубравы воютъ;
„Они стонами землю роютъ;
„Уже съ нихъ сыплетъ потъ, какъ градъ;
„Уже въ нихъ сердце страшно бьется
„И ребра обоихъ трещатъ:
„То сей, то оный на бокъ гнется,
„Крушится — и Ермакъ сломилъ.“

Сколько тутъ картинъ для Рафа‐
эля! Въ этомъ состоитъ превосход‐
ство стихотворной живописи. Одинъ
великой живописецъ, взошедши на вер‐
шину горы, и увидя подъ стопами сво‐
ими и села и города и моря и рѣки и
рощи и лѣса, въ восторгѣ воскликнулъ:
вотъ картина моя. Такъ должно воз‐
вышаться и Поэтамъ, чтобъ изобра‐
зить пространные и новые виды.

————

Изъ сихъ наблюденій человѣка въ
покойномъ расположеніи духа и въ вос‐

торгѣ можно вынести правила, что, для убѣжденія разсудка, нужно ставить слова зависящія тотчасъ послѣ ихъ управляющихъ. Отъ этого происходитъ, кромѣ плавности, гладкости и ровности въ слогѣ, *ясность*, первое достоинство сочиненія: выражаться ясно значитъ понимать ясно. Краткость, свойственная порывамъ сердца и полету воображенія, свойственна также и быстрому уму въ сочиненіяхъ философическихъ: кто далеко видитъ, тотъ объясняется кратко. Одно только дальновидное зрѣніе сближаетъ предметы. Здѣсь нужна и *сила* и *красота*, доставляемая украшеннымъ языкомъ. Для сего заимствуется отъ природы все, что только есть въ ней богатаго и блистательнаго. Представьте одно простое очертаніе цвѣтовъ и картину, на которой нарисованы цвѣты со всѣми ихъ красками: большая разность! Такова же разность между разговорнымъ языкомъ и украшеннымъ.

Что, кажется, можетъ быть легче сихъ наблюденій? Мудрецы, наблюдающіе природу и человѣка и стремящіеся къ истинѣ, должны бы мыслить одинаково; напротивъ сколько споровъ! Вы

спрашиваете, что мы знаемъ? Догма-
тикъ Аристотель скажетъ вамъ: все,
что можно доказать силлогизмомъ.
Скептикъ Пирронъ дастъ въ отвѣтъ:
ничего. Вы любопытствуете о началѣ
всѣхъ познаній? Одни вмѣстѣ съ Пиѳа-
горомъ, Платономъ и Лейбницемъ от-
вѣчаютъ, что онѣ намъ врождены. Дру-
гіе вмѣстѣ съ Сократомъ, Зенономъ и
Локкомъ приписываютъ ихъ впечат-
лѣнію чувствъ. Вы хотите знать
предметъ жизни вашей? Матеріалистъ
ограничивается чувственностью. Иде-
алистъ теряется въ мечтаніяхъ. Чья
же правда? на чьей сторонѣ истина?
Не удивительно, что Демокритъ ска-
залъ: она на днѣ колодца. Философія,
утомленная столь продолжительными
спорами Методистовъ, ищетъ друга
Сократу, возлюбленному мудрецу сво-
ему, которой, просвѣщая умъ, возвы-
шалъ душу — и видя Локка, превос-
ходно наблюдающаго природу и чело-
вѣка, гаситъ свѣтильникъ свой. —

Языкъ, посредствомъ котораго
выражаемъ отвлеченныя понятія,
для ума тоже, что машина для
какой-нибудь тягости, что цыфры
для вычисленій Математическихъ.
Что, если дурна машина, или цыфры
берутся одна вмѣсто другой? — Всѣ
споры **единственно зависятъ** отъ зло-

употребленія словъ или языка. *А
невѣжество — а самолюбіе?* Также ис-
точники заблужденій. Однажды при-
шли на Олимпійскія игры четыре со-
перника: Богатство, Удовольствіе,
Здоровье и Добродѣтель. Всѣ они доби-
вались золотаго яблока. Со мною, го-
ворило Богатство, можно имѣть всѣ
блага: меня должно признать за высо-
чайшее благо. Удовольствіе возразило:
награда принадлежитъ мнѣ; для че-
го и богатства желаютъ, какъ не
для меня? Здоровье доказывало, что
безъ него безполезно и богатство и
нѣтъ удовольствія. Наконецъ Добро-
дѣтель примолвила: при всѣхъ сихъ
благахъ можетъ человѣкъ сдѣлать-
ся нещастнымъ, если дурно ведетъ
себя. Тогда всѣ единогласно вручили
Добродѣтели золотое яблоко. — Вотъ
примѣръ злоупотребленія словъ. Если
бы спросили объ этомъ Сократа: му-
дрецъ вѣрно бы отвѣчалъ, что в е хо-
рошо: ибо богатство или довольство,
удовольствіе или спокойствіе духа, здо-
ровье или умѣренность суть тоже,
что добродѣтель. Многіе изъ древнихъ
были охотники говорить и не люби-
ли судить. Таковы Софисты. Сократъ
показалъ имъ, что правильное сужде-
ніе состоитъ въ наблюденіи предме-
товъ, **а не въ силлогизмахъ**, или въ

пустомъ наборѣ словъ. Можно ли воз-
вращаться изъ какой-либо стороны,
не ѣздивши туда? Точно то же дѣла-
ютъ въ силлогизмахъ. Вамъ велятъ
начинать со средняго термина, о ко-
торомъ вы еще не имѣли понятія.

_Вся тайна правильнаго сужденія
состоитъ въ строгомъ разсматри-
ваніи предметовъ и словъ, означаю-
щихъ предметы._ Чувства предста-
вляютъ намъ свойство ихъ постепен-
но; такъже должно идти въ изслѣ-
дованіи истины. Сей законъ есть
общій всѣмъ наукамъ. Предлагаютъ
ли затруднительной вопросъ: разбе-
рите каждую часть его и представьте
его въ самомъ простомъ видѣ. Хотите
ли сами открыть всѣ истины въ
наукѣ: узнайте первую и начальную
истину и потомъ прискивайте къ ней
истины однозначущія, сравнивайте
свойства предметовъ. Что вы дѣлаете
при измѣреніи величины? — Примѣ-
няете ее къ извѣстной мѣрѣ. Какъ же
_открыть законы Краснорѣчія въ
разныхъ родахъ стиховъ и прозы?—
Очень легко: должно наблюдать чело-
вѣка въ разныхъ отношеніяхъ и об-
стоятельствахъ._

Мы видѣли, что въ разномъ распо-
ложеніи духа мы и говоримъ различно.

Не льзя также говорить одинаково съ
другомъ и передъ торжественнымъ со-
браніемъ; разсказъ и разсужденіе тре-
буютъ разнаго слога. Откуда же почер-
пнуть правила для этого? — Изъ то-
го же источника, изъ котораго преж-
де взяли общія правила. *Наблюдай са-
маго себя — подражай самому себѣ —
вотъ единственный законъ.* Мнѣ ска-
жутъ: нѣтъ ничего легче этого. Спра-
ведливо — если бы мы съ дѣтства
такъ продолжали познанія свои; но
мы поступали напротивъ — и потому
для насъ это трудно. Все ученіе Фи-
лософіи состоитъ въ томъ, чтобъ при-
вести въ порядокъ идеи, полученныя
случайно, и такимъ образомъ научить-
ся впередъ судить правильно, перехо-
дить отъ одной идеи къ другой по-
степенно.

Читайте письма Рускаго путе-
шественника: онѣ вамъ понравятся;
потому что онѣ написаны по прави-
ламъ вкуса, или разсудка. Вы найдете
въ нихъ *пріятность слога, близкаго
къ языку общества, ту же легкость,
которая отличаетъ разговоръ обра-
зованныхъ людей.*

Какъ тотъ скученъ въ обществѣ,
кто хочетъ безпрестанно блистать.
Не прилично и въ письмѣ отвлеченное
велерѣчіе, заученыя выраженія и круг-

лые періоды: всякой подумаетъ, что письмо взято изъ книги. Что изливается изъ сердца, говорится отъ души, то всегда пріятно. Отъ того-то съ большею охотою мы читаемъ письма: надѣемся найти въ нихъ болѣе искренности, нежели въ другихъ сочиненіяхъ. Всякому любопытно какъ бы застать Автора, бесѣдующаго съ другомъ своимъ. Въ письмѣ открываются черты характера человѣка. Вникните въ переписку Фридриха съ Вольтеромъ, Даламбертомъ: вы увидите, что первой въ обращеніи съ умными людьми имѣетъ въ виду одно только отличіе — просвѣщеніе; второй забавенъ, ловокъ, оборотливъ; послѣдній мраченъ.

Кто не пишетъ писемъ, и между тѣмъ много ли такихъ, которыя можно съ удовольствіемъ читать! Иные вымышляютъ письма; но кто станетъ слушать ложь? Другіе пишутъ все безъ разбора; что за пріятность рыться въ сору? Письмо пріятно, когда оно чисто, гладко, съ хорошимъ выборомъ предметовъ и съ быстрымъ разсказомъ.

Человѣкъ любитъ себѣ подобнаго; онъ не только нуждается въ помощи другаго, даже во мнѣніи. Мы не бываемъ довольны, когда не видимъ ничего съ нами сходнаго; напротивъ покойны, видя, что мы судимъ и чувствуемъ, какъ судятъ и чувствуютъ другіе. Мы все примѣтно перенимаемъ; слушая описаніе чьей-либо жизни, примѣняемъ ее къ своей. *Въ этомъ примѣненіи состоитъ удовольствіе Біографій.*

Одинъ древній Государь просилъ мудреца, жившаго при дворѣ его, научить его правиламъ поступать и дѣйствовать, какъ прилично Царю. Мудрецъ, показавъ ему Плутарха, сказалъ: вотъ наука твоя. Въ самомъ дѣлѣ, что можетъ быть поучительнѣе? Здѣсь изображаются добродѣтели и пороки, дарованія и слабости. Плутархъ не осляпляется подвигами честолюбія; *онъ часто наблюдаетъ великихъ мужей своихъ въ уединеніи и домашней жизни.* Тутъ можно совершенно узнать человѣка, который на поприщѣ свѣта иногда носитъ одну личину добродѣтели. Сенека совѣтуетъ заранѣе выбрать себѣ въ образецъ почтеннаго мужа и всегда имѣть его въ мысляхъ своихъ. Это справедливо; удачный выборъ бываетъ щастіемъ цѣлой жизни.

Не только любопытна жизнь славныхъ людей; и странныя приключенія, столь часто встрѣчающіяся въ жизни, достойны вниманія. Въ нихъ нещастный видитъ себѣ товарища и утѣшается. Отелло у Шекспира оправдываетъ страсть свою къ Эдельмонѣ словами: она любитъ нещастія моя, а я состраданіе ея. Сіи строки въ Шекспирѣ глубоко проницаютъ душу всякаго; ихъ читаешь съ особеннымъ сладостнымъ чувствомъ.

Не легко наблюдать великіе характеры, быть описывомъ ихъ добродѣтели. Всѣ смотримъ на одинъ предметъ, но не всѣ одно и тоже видимъ. Римляне въ Цезарѣ ничего не видали, кромѣ высокаго росту, сухощаваго лица и впалыхъ глазъ; но великій Сулла видѣлъ въ немъ повелителя Римлянъ. Онъ смѣялся надъ вельможами, которые покоились на розахъ — и опасался сураваго юноши. Были примѣры, что отчаянные люди изцѣлялись, одушевляясь жизнію человѣка, который прославился дѣлами своими. Ѳемистоклъ былъ столько пороченъ, что отецъ удалилъ его отъ себя. Онъ увидѣлъ памятникъ Мильтіада, увидѣлъ почтеніе всѣхъ къ герою: лучь надежды озарилъ мрачную душу его — онъ началъ трудиться — и сравнился славою съ образцемъ своимъ. Если мы дорожимъ нѣмыми и тлѣнными памятниками ваянія: кто не станетъ благоговѣть предъ краснорѣчивыми памятниками истины, добродѣтели, красоты!

М 2

Жизнь одного человѣка сколь ни продолжительна была бы, она не доставитъ столько разнообразныхъ приключеній, какія можно получить изъ повѣствованія одного или нѣсколькихъ народовъ. *Исторія* есть зерцало протекшихъ столѣтій; *она замѣняетъ собственную опытность*; она лучшая наставница. Какой удивительной трудъ предстоитъ здѣсь писателю! Вообразите множество приключеній и произшествій, нравовъ и обыкновеній, которыя всѣ нужно искусно связать и красиво предложить, возвести читателя на такую высоту, или поставить его тамъ, откуда онъ могъ бы все обозрѣть: искусство величайшее.

Писатель, говоря о бѣдствіяхъ человѣка, о семъ неизсякаемомъ источникѣ наблюденій, можетъ ли отказаться отъ состраданія? Польза людей, государствъ, всего рода человѣческаго — добродѣтель, дарованія, все благородное и великое — вотъ предметы Историка - Витіи. Кто назначенъ Провидѣніемъ быть истолкователемъ истины, кто посвящаетъ себя трудамъ для человѣчества и одушевленъ восторгомъ потомства; тотъ долженъ рѣшиться презирать зависть, суетное и непостоянное щастіе, удаляясь отъ общества людей обыкновенныхъ, бесѣдовать со мракомъ ночи, съ бурями, со вселенной: тогда низойдетъ Геній истины.

Бесѣдуйте съ Ливіемъ и Тацитомъ. Съ какимъ чувствомъ повѣствуютъ они о своемъ отечествѣ! Душа чувствительная въ нощномъ безмолвіи невольно прерываетъ чтеніе свое восклицаніями, плачетъ отъ умиленія, негодуетъ при торжествѣ злодѣя, презираетъ все, что унижаетъ духъ ея. И тогда чувство возрастаетъ, возвышается. Везувій покрытъ снѣгами; но внутри его горятъ огни вѣчные. Такимъ я представляю себѣ Историка: онъ долженъ хладнокровно смотрѣть на произшествія, страстно любя истину; а при дѣлахъ великихъ можетъ ли удержаться онъ отъ восхищенія? Почему не вывести Цезаря, Катона, вѣщающихъ народу чувства свои? Пріятно слушать великихъ мужей.

Четырнадцать столѣтій отдѣляютъ насъ отъ Римлянъ; но ихъ исторія до сихъ поръ драгоцѣнна. Такъ много придаетъ достоинства Краснорѣчіе Мало Историковъ, подобныхъ Тациту, за которыхъ не краснѣешь. Имъ-то особенно должно помнить, что ихъ будетъ читать потомство. Исторія должна быть тою колонною,

на которой была надпись: потомки!
вот жребій вашъ.

———

Трудно разсказать хорошо, что
видѣли или слышали; гораздо труднѣе
открыть истину и объяснить ее. Ари-
стотель, указывая на общія Ритори-
ческія мѣста, говоритъ: вотъ источ-
никъ мудрости — Философіи и Красно-
рѣчія. Цицеронъ и послѣ его Квинти-
ліанъ, испытавшіе ничтожество *то-
пикъ*, справедливо утверждаютъ, что
Ораторъ долженъ быть снабженъ всѣми
свѣдѣніями или науками; науки же зани-
маются природою и человѣкомъ: слѣд-
ственно *хорошо писать значитъ хо-
рошо судить или наблюдать пред-
меты*, насъ окружающіе. Римской
Трибунъ не думалъ о *хріяхъ*, когда велъ
отрядъ свой на смерть; ему нужно
было возбудить въ воинахъ чувство
мужества — онъ воскликнулъ: „Друзья!
„намъ должно идти туда, отколѣ воз-
„вращаться не должно" — и воины ра-
достно потекли умирать. Дѣйствіе
равно причинѣ — — есть общій законъ
природы: хотите возвысить меня —
возвышайтесь сами; хотите заста-
вить удивляться добродѣтелямъ — и
вы удивляйтесь. Сколь много размышл-
ен и потребно о природѣ физической
и нравственной, чтобъ новую мысль

представить со всѣми ея оттѣнками, въ видѣ привлекательномъ, трогательномъ, убѣдительномъ. Есть сочиненія, которыя произведены наблюденіями нѣсколькихъ лѣтъ. Сколько опытовъ и размышленій видно въ Разсужденіи нашего Аддисона о Воспитаніи. Всѣ правила для образованія силъ и тѣлесныхъ и душевныхъ, здѣсь предписанныя, извлечены изъ сей начальной истины:

„Никто не родится въ свѣтъ ни „щастливымъ, ни добродѣтельнымъ, „ни просвѣщеннымъ. Природа, про-„изводя человѣка, кажется, даетъ „ему только жизнь и силу дѣйствія, „а образовать его предоставляетъ „времени и опытамъ. Не льзя тре-„бовать ни больше ума, ни больше „талантовъ въ человѣкѣ, какъ сколь-„ко благопріятствуютъ ему случаи „жизни. Рѣдкія и общія, худыя и „добрыя свойства его наиболѣе за-„висятъ отъ первыхъ производи-„мыхъ въ немъ впечатлѣній, отъ „первыхъ внушаемыхъ ему чувство-„ваній и понятій—отъ Воспитанія.“

Вотъ прекрасные афоризмы, которые въ схоластическихъ системахъ служатъ предметомъ смѣшныхъ споровъ a priori и a posteriori, и которые такъ вразумительно предлагаются опытною

Философіею; одна она можетъ называться мудростью. Эта книга должна занимать первое мѣсто въ библіотекѣ попечительнаго отца, или нѣжной матери. *Хорошо писать, повторяю, значитъ здраво судить, наблюдать предметы.* ,,Никогда, говоритъ Авторъ сей книги, правила Риторики ,,не сдѣлаютъ краснорѣчивымъ человѣ- ,,ка, если недостаетъ въ немъ нуж- ,,ныхъ къ тому дарованій — — навыка. ,,Такъ правила Логики никогда не сдѣ- ,,лаютъ здравомыслящимъ того, чей ,,умъ не твердъ, не образованъ опы- ,,тами, не обогащенъ чистыми по- ,,нятіями и не привыкъ соединять ,,ихъ, слѣдуя порядку природы.''

Предметъ философическихъ сочи- неній есть просвѣщеніе ума. Можетъ ли тотъ ожидать успѣха въ достиже- ніи сей цѣли, кто не старается о средствахъ представлять свое разсуж- деніе яснѣе и живѣе. Однѣ и тѣ же ис- тины, предлагаемыя сухо и холодно, производятъ не то дѣйствіе надъ на- ми, какое имѣютъ разсужденія, пред- ставленныя блистательно. Такія со- чиненія можно украшать примѣрами и з Исторіи, описаніями характеровъ- это также опытность. Симъ спосо- бомъ доставляется отдохновеніе уму, углубленному въ разсужденіе и произ-

водится сильнѣйшее убѣжденіе. Фило-
софія ни мало неотвлеченна, когда
видна въ ней связь съ жизнію и съ по-
ступками человѣческими. Въ Греціи,
въ вѣкѣ юности человѣческаго рода, и
Аспазіи не пугались Философовъ; сіе
названіе было самое почтенное и при
дворахъ и въ укромной обители от-
цевъ семейства. А нынѣ, въ вѣкѣ вы-
сокаго просвѣщенія, Философія, обез-
ображенная Схоластиками, есть точ-
но Медуза; всѣ бѣгутъ отъ нее.

Все въ Природѣ прекрасно; но гдѣ
сіи прелести, когда солнце скрываетъ
лучи свои? *Таковы созвѣзды Философіи
безъ Краснорѣчія.* Потомство помнитъ
краснорѣчивыхъ Писателей. Аристо-
тель со всѣми безчисленными своими
наблюденіями забытъ; Кондильякъ и
Клеръ, воспользовавшіеся столь искусно
его сокровищами, останутся безсмерт-
ными. Справедливо говоритъ Попе: „Пе-
„реносите насъ отъ звуковъ къ ця-
„намъ, отъ воображенія къ сердцу.“
Воображеніе для ума тоже, что крас-
ки для живописи.

——————

Логику древніе сравнивали съ ру-
кою сжатою, Риторику съ разжатою.
Такая же разность между разсуждені-
емъ и рѣчью. Обдуманъ предметъ, вос-
пламенено чувство: тогда льется рѣ-

О

кою витійство. Мы уже видѣли, что весь украшенный языкъ есть дѣло сильнаго чувства, воображенія; что каждой оборотъ имѣетъ причину въ самомъ человѣкѣ. Говорятъ: начинай введеніемъ, послѣ уже доказывай; при концѣ собери всѣ мысли въ крапкихъ предложеніяхъ — сіи правила взяты изъ опытности. Когда приходимъ къ незнакомому человѣку, безъ сомнѣнія прежде всего должны сказать, кто мы, за чѣмъ пришли и послѣ говорить о дѣлѣ своемъ. Но Цицеронъ въ первой рѣчи противъ Катилины прямо начинаетъ вопросомъ: ,,Доколѣ будешь ты ,,во зло употреблять терпѣніе наше?" Такое начало свойственно душѣ волнующейся. Чувство имѣетъ свой взглядъ, свой тонъ, свои движенія, свой языкъ.

Обыкновенно спрашиваютъ, почему не процвѣтаетъ нынѣ Красорѣчіе при столь высокомъ просвѣщеніи. Древніе говорили, что вѣча родитъ Ораторовъ, какъ война Героевъ. У нихъ воспитывали Ораторовъ равно какъ Атлетовъ. Древніе Риторы обращали большое вниманіе на изученіе страстей; эта часть у насъ почти совсѣмъ забыта. Отъ того мало видимъ мы сочиненій разсудительныхъ; между тѣмъ какъ у древнихъ говорить о человѣкѣ

было обыкновеннымъ, любимымъ пред-
метомъ Поэтовъ и Ораторовъ.

Описываемъ ли природу: предъ на-
ми и небо, и земля, и вѣчные непре-
мѣнные законы, и чудесныя явленія.
Бюффонъ и Боннетъ изобразили прі-
ятно тѣ предметы, которые были по-
требены въ учебныхъ книгахъ. Мон-
тескьё умѣлъ замѣтить всѣ пружины,
по которымъ въ разныхъ странахъ
дѣйствуютъ разные члены обществъ.
Вольтеръ описалъ систему Невтона
столь привлекательно, что и нѣжный
полъ съ удовольствіемъ занимался Ме-
ханикой и Оптикой. Чего не сдѣлаетъ
человѣкъ разсуждающій, чувствитель-
ный! Ломоносовъ и о Химіи говоритъ,
какъ Виргилій, и о стеклѣ разсуждаетъ,
какъ Поэтъ.

Наблюдаемъ ли человѣка: харак-
теръ его и образъ жизни, дарованія,
воспитаніе, вліяніе его на другихъ,
препятствія и труды, заслуги и до-
стоинства — вотъ предметъ для по-
вѣствованій. Сердце человѣческое есть
глубина неизмѣримая. Предметы Фе-
дры и Отелло очень просты; но какъ
возвысили ихъ Расинъ и Шекспиръ! Въ
душахъ благородныхъ есть впечатлѣ-
нія неизгладимыя и общія; таковы:
состраданіе къ нещастіямъ намъ по-
добныхъ, благоговѣніе ко Всевышнему

О 3

Промыслу, мысль о безсмертіи. Сіи
чувства всегда возбуждать можно съ
успѣхомъ; это струны всегда натя-
нутыя, звучащія изъ вѣка въ вѣкъ,
изъ страны въ страну — и въ сіи-то
струны должны ударять Писатели.
Долгъ Краснорѣчія и Философіи извле-
кать человѣчество изъ недѣятельно-
сти, возбуждать всѣхъ къ высокимъ
добродѣтелямъ. Кто научился чув-
ствовать, тотъ будетъ и дѣйство-
вать. Какъ часто одна мысль чувстви-
тельнаго Писателя, отдѣленнаго отъ
насъ вѣками, доставляетъ уединенной
горести сладостное утѣшеніе! Какъ
часто находишь въ книгахъ сходный
съ самимъ собою характеръ! И какъ
драгоцѣнна эта находка! Эвандръ,
сей нѣжной родитель; Ѳразеасъ, сей
добродѣтельный полководецъ, говоря-
щіе устами Виргилія и Тацита, сильно
потрясаютъ душу. Руссо, чувстви-
тельный Руссо, любезенъ при всѣхъ сла-
бостяхъ своихъ. Онъ любилъ Тацита —
у него научился глубоко проницать
душу. Виргилій, привлекательный по
чувствамъ своимъ, имѣетъ также ме-
жду новѣйшими достойнаго ученика въ
Делилѣ.

Сдѣлаемъ опытъ изобрѣтенія, рас-
положенія и украшенія — должно бы
прибавить произношенія; но оно у

нась забыто — оно переселилось на
театрь. Димосоена спрашивали, что
онь почитаеть первымь предметомь
вь Красноречіи? Произношеніе, отвѣ-
чаль Ораторь. Вторымь? — Также
произношеніе, продолжаль онь. — Что
же послѣ него? — Произношеніе, ска-
заль Витія, есть и начало и конець
Красноречія. Вь самомь дѣлѣ слушать
умное сочиненіе вь хорошемь чтеніи
есть удовольствіе, ни сь чѣмь несрав-
ненное. Вь Музыкѣ заботятся о каж-
домь звукѣ; а вь чтеніи часто не
смотрять и на знаки препинанія, не
говорю уже о возвышеніи и пониженіи
голоса. Такь все портится употребле-
ніемь.

Обратимся кь своему предмету.
Возьмемь общую мысль для разсужденія—
щастіе. Одинь изь нашихь Авторовь
для того, чтобь представить раз-
личныя о немь мнѣнія, предлагаеть
разсужденіе свое вь видѣ разговора Фи-
лалета сь Мелодоромь. Мелодорь чув-
ствителень, любить вмѣстѣ сь Пла-
тономь мечтать о возможностяхь, пе-
реселяться изь здѣшняго міра вь луч-
шій міръ фантазіи, гдѣ всѣ люди до-
бродѣтельны, гдѣ всѣ щастливы. Ему
подлунная несносна; онь вездѣ встрѣ-
чаеть злобу, коварство, распри, вой-
ну — всѣ пороки. Вы можете себѣ пред-

ставить, какъ много добраго можно
услышать отъ сего чувствительнаго
Философа. Сколько Мелодоръ пылокъ и
нѣженъ, столько Филалетъ хладно-
кровенъ и опытенъ; онъ смотритъ на
людей, каковы они дѣйствительно,
наблюдаетъ страсти человѣческія и
входитъ въ ихъ сокровенныя начала.
Онъ опытностію успокоиваетъ друга
своего и примиряетъ его съ людьми,
съ жизнію. Отъ сего Аристиппа можно
узнать, что есть на землѣ хорошаго
и дурнаго.

Изображеніе характеровъ прелест-
ное; оно хорошо и въ Разговорѣ, и въ
Рѣчи, и въ Драмѣ, ивъ Эпопеѣ. Это
огонь и ледъ, картина обыкновенной
жизни нашей; всего чаще встрѣчаемъ
мы подобные характеры. Всякой мыс-
лящій и съ нѣжнымъ сердцемъ бываетъ
Мелодоромъ, когда въ уединеніи пре-
дается любезнымъ мечтаніямъ, гдѣ
самъ играетъ роль перваго героя. Мы
бываемъ и Филалетами на сценѣ міра,
гдѣ сознаемся, что иногда надобно ува-
жать и самые предразсудки. Это вѣр-
ное зеркало, пріятное для каждаго.

Послѣ изображенія второе мѣ-
сто въ сочиненіи занимаетъ располо-
женіе и украшеніе или искуство раз-
сказывать. Умъ, наблюдающій мно-
гіе предметы, кратокъ въ повѣство-

каніяхъ. Любопытство должно безпре-
рывно возрастать; каждый характеръ
въ свою очередь долженъ привлекать
на свою сторону: одинъ нѣжностью,
другой разсудительностью. Вотъ при-
мѣрный доводъ. Нужно показать ис-
тинное удовольствіе и въ низкомъ со-
стояніи. Авторъ говоритъ:

„Великій Моголъ и послѣдній рабъ
„его утоляютъ голодъ и жажду съ
„одинакою пріятностью. Богачь изъ
„огромныхъ палатъ своихъ, гдѣ ве-
„ликолѣпіе и скука утомили душу
„его, сходитъ по мраморной лѣст-
„ницѣ отдохнуть на зеленомъ лугу,
„на чистомъ воздухѣ и взглянуть на
„алую вечернюю зарю; онъ садится
„на траву — подлѣ бѣднаго земле-
„дѣльца, который также покоится,
„также легко дышетъ и тѣми же
„предметами наслаждается: они оба
„теперь равны. — — Провидѣніе и
„Натура въ общемъ раздѣлѣ истин-
„ныхъ удовольствій никого не обдѣ-
„ляютъ. Знать ихъ цѣну есть искус-
„ство и вѣнецъ науки жить. Не все
„то легко, что кажется просто; и
„часто всего менѣе умѣемъ мы упо-
„треблять тѣ вещи, которыя у насъ
„изъ рукъ не выходятъ.“

Какъ рѣзки контрасты: великой
Моголъ и рабъ его, мраморный чертогъ

и бѣдная хижина. Разсказъ о Клеонѣ
сильнѣе всѣхъ ученыхъ доказательствъ.
Роскошный Клеонъ думаетъ найти ща-
стіе въ чувственныхъ удовольствіяхъ.
Что же дѣлаетъ онъ? Безпрерывно
перемѣняетъ ихъ. Наконецъ и злато и
мраморъ ему не нравятся: онъ идетъ
въ ненастье прогуливаться, промока-
етъ насквозь, возвращается домой,
садится передъ каминомъ и восхищает-
ся. Но онъ, жалкой, не знаетъ, что
тѣмъ же самымъ удовольствіемъ наслаж-
дается и Камчадалъ въ хижинѣ своей.
Образъ выраженія отличной въ обоихъ
характерахъ. Одинъ нравится, какъ
доброй юноша, которой, прельщаясь
розою, не смотрѣлъ на ея колючій сте-
бель. Другой, какъ опытной мужъ,
знаетъ и Сциллу и Харибду; онъ, какъ
мудрый Улиссъ, закрываетъ слухъ свой
отъ Сиренъ.

Такъ изобрѣтаютъ, располагаютъ,
украшаютъ искусные Писатели. Вы
спрашиваете, какъ достигнуть этого.
Всякой Ораторъ-Философъ скажетъ
вамъ то же, что сказалъ Бюффонъ
одному любопытному, которой спраши-
валъ его, какъ онъ научился писать:
„Я полвѣка наблюдалъ Природу“ — былъ
отвѣтъ Бюффоновъ. Греція и Римъ
доселѣ гордятся своими Димосѳенами
и Цицеронами; потому что тамъ лю-

били Философію. Боссюэтъ, Фенелонъ, Массильіонъ прославили страну свою Краснорѣчіемъ по той же причинѣ: въ ихъ отечествѣ, какъ въ Аѳинахъ, вкусъ къ Философіи былъ всеобщій. Ученая Ментенонъ бесѣдовала съ Ораторами и Поэтами о такихъ предметахъ, которыми только въ Англіи занимался Болинброкъ, Шефтесбюри, Аддисонъ, и которыхъ коснуться не дерзали въ другихъ странахъ. Въ Германіи болѣе нежели гдѣ-нибудь выдано такъ называемыхъ Философій — и тамъ же менѣе нежели гдѣ-нибудь умѣютъ говорить сердцу. Таково злоупотребленіе.

———

Соберемъ замѣчанія наши. Умъ и даръ слова должны совершенствоваться вмѣстѣ. Всѣ прелести Краснорѣчія суть плоды опытности, одобренныя Философіею. Цѣль Философіи — вѣрнѣе наблюденіе предметовъ; цѣль Краснорѣчія — вѣрное подражаніе симъ предметамъ посредствомъ словъ. Прежде нежели начнемъ обдумывать, какъ писать, должны знать, что писать. Цицеронъ, и высокой Ораторъ, и глубокомысленный Риторъ, совѣтуетъ скопить множество идей, или, по его словамъ, должно имѣть цѣлой лѣсъ предметовъ, и потомъ, по примѣру благоразумнаго Полководца, судить, гдѣ что поставить, что впереди, что послѣ, смотря по силѣ дѣйствія каждой части. Умѣнье судить пріобрѣтается опытами, искусство писать навыкомъ. Обыкновенно Философы и Риторы много берутъ на себя — надѣются выучить другихъ и мыслить и выписывать; собственно они только могутъ сказать то же, что живописецъ: *наблюдай и подражай* — и послѣ руководствовать въ наблюденіяхъ и поправлять подражаніе. *Сей законъ, примѣненный къ разнымъ обстоятельствамъ, производитъ правила для разныхъ родовъ сочиненій: ибо различныя сочиненія показываютъ только различныя отношенія человѣка къ обстоятельствамъ и себѣ подобнымъ.*

* * *

До сихъ поръ мы занимались произведеніями мужества; еще предстоитъ разсмотрѣть произведенія ю н о с т и. Это одна и таже картина; мы успѣли сдѣлать очертаніе, придать нужныя оттѣнки, отличить рѣзко мускулы; остается покрыть красками — это дѣло Поэзіи. Умъ человѣческій, не довольствуясь однообразіемъ сего міра, ищетъ предметовъ болѣе возвышенныхъ, дѣяній героическихъ, произшествій чудесныхъ — и не находя сего въ существенномъ мірѣ, прибѣгаетъ къ вымысламъ. Вообразите отца семейства, въ праздничный день, послѣ трудовъ своихъ, покоющагося на мягкомъ лугу; его милыя малютки вокругъ его рѣзвятся, обнимаютъ и цѣлуютъ его, играми и смѣхомъ оживляютъ, напоминая ему восхитительные дни юности, и вливаютъ въ душу сладостную отраду: таковы удовольствія Поэзіи предъ важностью Прозы. „Разумъ, „говоритъ Акенсайдъ, съ высоты пре- „стола своего иногда взираетъ на утѣ- „хи воображенія — и — улыбается.“

Поэзія, кому это не извѣстно, явилась ранѣе Прозы. — Но эта ранняя Поэзія въ сравненіи съ Поэзіею Ома ра есть то же, что Китайскія цвѣтныя малеванья въ сравненіи съ картинами Рубенса: Философія научила умъ правильному очертанію — и тогда-то снова стали думать о краскахъ Поэзіи. Однѣ описанія безъ сердечныхъ чувствъ, при всѣхъ прелестяхъ воображенія, утомительны. Намъ все нравится по сравненію, по примѣненію самихъ себя къ тому, что читаемъ: и чтобъ вѣчно нравиться, чтобъ быть безсмертнымъ Поэтомъ, надобно трогать неизмѣняемыя чувства наши. Произшествія Грековъ для насъ совершенно чужды; но Эдипъ и

Антигона, Электра и Орестъ, Гекуба, Медея, Филоктетъ до сихъ поръ занимаютъ насъ; наблюдая судьбу сихъ лицъ, страсти и приключенія, мы не спрашиваемъ, кто это, Греки или Римляне: для насъ довольно, что мы видимъ себѣ подобныхъ. Правда, что климатъ, правленіе, обстоятельства имѣютъ вліяніе на человѣка; не смотря на то, пламень души, оживляющій каждаго, сія искра Свѣша Свѣтовъ, не угасаетъ въ человѣкѣ — она - то безсмертна. Аддисонъ и Рейналь, глубоко проницающіе сердце наше, замѣчаютъ силу дѣйствій душевныхъ въ дикихъ, въ сихъ грубыхъ сынахъ Природы. Въ самомъ дѣлѣ кого не тронутъ сіи чувства?

„Блюститель и тиранъ моихъ плачевныхъ дней!

„Кто право далъ тебѣ надъ жизнію моей!

„Законъ? Какой законъ? Рукой одной Природы

„Созданъ и ты и я и всей земли народы.

„Но ты меня сильнѣй? — А я за то ль, что слабъ,

„За то ль, что черенъ я, бытъ долженъ днесь твой рабъ?“

Такъ самолюбіе вмѣшивается во всѣ поступки наши; *мы во всемъ ищемъ сходнаго съ собою* — это всеобщій магнитъ. Сіе чувство бываетъ частное, въ одномъ человѣкѣ, и общее, въ цѣломъ народѣ. Чувствительный Аѳинянинъ не стыдился плакать въ Трагедіяхъ Софокла; твердый Римлянинъ потушалъ въ себѣ искры нѣжности. Первый назвалъ бы Катона варваромъ, ужаснулся бы сраженій Гладіаторскихъ; второй съ презрѣніемъ смотрѣлъ бы на забавы Греческія. Но главныя свойства души остаются всегда и вездѣ для всѣхъ драгоцѣнны. Сократъ не могъ быть другомъ Мелита: но онъ не отказался бы отъ состраданія, если бы послѣдній впалъ въ нещастіе. Смотря на другаго, мы въ тоже время ставимъ себя на его мѣстѣ и принимаемъ участіе въ судьбѣ его. Отъ того на театрѣ насъ трогаютъ и добрый Отелло, и нѣжный Танкредъ, и гордый Фіеско, и Димитрій Самозванецъ.

⸻

Разсмотримъ, что такое стихотворный языкъ, расположеніе, изобрѣтеніе и цвѣты Поэзіи.

Ничего столь часто не повторяемъ, какъ восклицанія: это прекрасно, превосходно! и между тѣмъ всѣ сознаются, что красоту можно только чувствовать, а не объяснить. — Нужно бы спросить прежде всего: чувствуемъ ли мы прекрасное и превосходное въ дѣйствѣ? — Опытность отвѣтствуетъ:

чѣмъ болѣе получаемъ понятій и сравниваемъ ихъ, тѣмъ болѣе умѣемъ судить и восхищаемся красотою. Вкусъ, который отличаетъ въ сочиненіяхъ высокое отъ прекраснаго, есть сужденіе; хорошій вкусъ, говорятъ, одинъ — потому что истина въ сужденіяхъ одна. Колонны Коринѳскаго ордена, какъ бы поддерживающія зданіе, прекрасны; тѣ же колонны въ Римѣ, разрушенныя временемъ, напоминающія прежнюю славу сей столицы міра, превосходны. Рейнъ, обильно наполяющій окрестныя страны, прекрасенъ; тотъ же Рейнъ въ порывистомъ паденьи своемъ превосходенъ. Развѣсистый дубъ, одинъ посреди цвѣтущей долины, прекрасенъ; сей же дубъ, заутро обнаженный и раздробленный молніей, превосходенъ. Марій, разсуждающій о истинномъ благородствѣ, есть изображеніе прекрасное; Марій, ступающій по развалинамъ Карѳагены, изображеніе превосходное. — Чтожъ составляетъ сущность сихъ двухъ различныхъ чувствъ? — Вспомните, какія главныя начальныя чувства въ человѣкѣ: непріятность и удовольствіе; мы или стремимся за всѣмъ тѣмъ, что можетъ быть намъ пріятно; или убѣгаемъ отъ всего, что можетъ быть непріятно. Съ пер-

съмъ чувствомъ соединено *желаніе,*
радость, съ другимъ — *благоговѣніе,*
трепетъ. Всѣ явленія въ Природѣ, гдѣ
мы ясно понимаемъ *пользу, прекрас-*
ны; все, что подаетъ мысль о ни-
чтожествѣ человѣка — *превосходно.*
Между множествомъ красотъ въ піэсѣ
Ермакъ, слѣдующія могутъ служить
примѣромъ высокаго:

„И славы лучь твоей затмится,
„Когда померкнетъ солнца свѣтъ,
„Со трескомъ небо развалится,
„И время на косу падетъ.“

Вотъ, по видимому, причины пре-
краснаго и высокаго, которыя состав-
ляютъ цвѣты Поэзіи. Что касается
до изобрѣтенія и расположенія, Поэтъ
и Ораторъ руководствуются однимъ
закономъ — *наблюдать* и *подражать.*
Гёте справедливо замѣчаетъ, что По-
эту не должно быть въ страсти тог-
да, какъ онъ описываетъ ее. Можно
ли описывать бурю во время корабле-
крушенія? Такъ и волненія души изо-
бражать можно послѣ успокоенія ея;
тогда только разсудокъ дѣйствуетъ;
въ противномъ случаѣ сочиненіе бу-
детъ похоже на disjecta membra poëtae.

Поэзія пользуется свободою вымы-
шлять. Не должно думать, что Поэтъ
можетъ сказать что-нибудь такое,
чего нѣтъ въ Природѣ! — Онъ только

изъ многихъ предметовъ составляетъ одинъ. Зевксису повелѣно было представить богиню красоты; онъ созвалъ всѣ извѣстныя красоты въ городѣ и у каждой похитилъ прекрасное. Фонъ-Визинъ изъ множества смѣшныхъ семействъ составилъ своихъ Простаковыхъ. Вольтеръ изъ добродѣтелей рыцарскихъ выбралъ все лучшее для Танкреда, и это обыкновенно называютъ *Изящною природою*.

Отсюда рождается и *языкъ стихотворный, или языкъ воображенія*. — Припомнимъ, что есть воображеніе. Это рядъ сужденій; чтобъ выразить его, нужно слово сильное, равное многимъ. Такъ метафоры суть сокращенныя сужденія или сравненія: вмѣсто того, чтобъ сказать — здѣсь столь много кораблей, что ихъ мачты всѣ вмѣстѣ похожи на лѣсъ — Поэтъ говоритъ — здѣсь *лѣсъ мачтъ*. Обыкновенно сіи сильныя, рѣзкія выраженія *рисуютъ* уму предметы; и потому стихотворный языкъ называется живописью. Образцемъ піитическихъ эпитетовъ можетъ служить Поэзія Горціева; у него каждое выраженіе есть прекрасная картина. Нашъ Горацій есть Державинъ и Жуковскій.

Меня спросятъ о *правилахъ разныхъ стихотвореній. Онѣ предписываются разсудкомъ.* Хотите ли подражать сельской жизни; слогъ вашъ долженъ быть подобенъ одеждѣ сельской Природы. Здѣсь украшенія состоятъ въ зелени и цвѣтахъ; нѣтъ золота и драгоцѣнныхъ камней. Поселяне имѣютъ свое убранство, свои празднества. Предметы *Идилліи* и *Эклогъ:* сыновняя нѣжность, братская любовь, щастіе, спокойство, довольство и свобода духа; сцена: луга, нивы, рощи; характеры: простота, откровенность. Всѣ сіи достоинства встрѣчаются въ Геснерѣ; его книгу можно назвать сельскимъ нравоученіемъ.

Стихотворенія, въ которыхъ Поэтъ изображаетъ какую-либо страсть, пламенны. Таковы сочиненія *Лирическія.* Поэтъ восхищенъ радостью, изумленіемъ, горестью — беретъ лиру — ударяетъ въ струны — и чувства изливаются изъ души, восторгомъ упоенной. Представьте, что вы наблюдаете человѣчество, видите, какъ вокругъ васъ и слабые и сильные валятся подъ косою смерти — и при сихъ наблюденіяхъ вы слышите о кончинѣ великаго, мудраго, добраго вельможи — вѣрно съ первымъ вздохомъ вы воскликнете: „И ты нашъ Несторъ долголѣтной.“ —

Здѣсь приличны сравненія быстрыя, ибо восторгъ непродолжителенъ — чувствительная душа быстро протекаетъ отъ одного предмета къ другому. У одного изъ нашихъ Поэтовъ ничтожество человѣка изображено въ аллегоріи. Жизнь представлена океаномъ, неизвѣстность судьбы мракомъ, человѣкъ пловцемъ. Для выраженія мысли, что нами руководствуетъ рокъ, воля Промысла, Поэтъ говоритъ, что сей нещастной пловецъ спитъ и ладья его мчится на скалу.

„Что человѣкъ? паритъ ли къ солнцу,
„Смиренно ль идешь по землѣ:
„Увы! тамъ умъ его блуждаетъ,
„А здѣсь стопы его скользятъ.
„Подъ мракомъ въ океанѣ жизни
„Пловецъ на утлой ладіѣ,
„Отдавши руль слѣпому року,
„Онъ спитъ — и мчится на скалу.“

Совершенная, отдѣланная аллегорія — это произведеніе всего Парнаса, и Музъ и Грацій.

Цѣль всякаго сочиненія бываетъ одинакова съ ея предметомъ. Всякое стихотвореніе, смотря по главному чувству своему, возбуждаетъ или радость, или удивленіе, или состраданіе, или научаетъ. Еврейская Поэзія вся исполнена благоговѣнія. Пиндаръ удивляетъ — онъ славитъ Героевъ своихъ. Нашъ Ломоносовъ столько же громовъ, всѣ его Оды торжественны. Къ высокимъ Писателямъ принадлежитъ Галлеръ и Драйденъ. — Если хотите внимать спокойному лирному гласу — слушайте Оды Горацiевы, Державина, Нѣжность и заунывная чувствительность дышетъ въ Стихотворенiяхъ Делиля. Лирическая Поэзiя изображаетъ щастливый вѣкъ героической. Это страна очарованiй — сладостная бесѣда во мракѣ ночи, послѣ которой и самый свѣтъ кажется прiятнѣе. Душа послѣ сихъ мечтанiй торжествуетъ, возвышается надъ обыкновенными предметами.

„Мужайся — и попрешь противниковъ
                                   стопою !
„Твой рай и адъ въ тебѣ ! — Брань
                 брань твоимъ страстямъ.
„Передъ тобой отверстъ безсмертья
                    вѣчный храмъ ;
„Ты смерти сломишь серпъ могущею
                                   рукою —
„Могила къ вѣчной жизни путь.“

―――――

Трудно представить одно какое-либо чувство ; труднѣе описать цѣлой рядъ удивительныхъ характеровъ, поддержать занимательность въ цѣлой Поэмѣ и довести до цѣли чудесной. Въ повѣствованiи прiятность стиховъ

есть важное достоинство. Что Димо-
сѳенъ сказалъ о произношеніи, относи-
тельно къ Рѣчамъ, то же можно ска-
зать и о слогѣ, въразсужденіи сочине-
ній, назначенныхъ не столько для про-
изношенія, сколько для чтенія. Карам-
зинъ, Дмитріевъ знали сію тайну: они
знали, что каждая мысль можетъ имѣть
одно только самое приличное и лучшее
выраженіе. Въ живописи, говорятъ,
прекрасное отъ дурнаго на одинъ во-
лосокъ; въ музыкѣ одинъ невѣрной
мигъ — и нѣтъ уже искусства: Красно-
рѣчіе заключаетъ въ себѣ всѣ сіи тон-
кости.

Иной спроситъ: уже ли и здѣсь
руководствуются правилами Логики?
Непремѣнно. *Безъ Логики не можетъ
быть ни одной мысли правильной,
ни одного выраженія прекраснаго: я
хочу сказать, нѣтъ дѣйствія безъ
причины.* Образецъ Стихотворнаго по-
вѣствованія Виргилій и его подража-
тель Тассъ. Въ огромной Поэмѣ, како-
ва Эпопея, искусные Писатели пора-
жаютъ въ началѣ великимъ произше-
ствіемъ или приключеніемъ. Энеида
открывается бурею — Эней уже плы-
ветъ по волѣ судебъ; о причинѣ своего
странствованія — оразрушеніи Трои —
онъ самъ разсказываетъ Дидонѣ. Въ
устахъ самого Героя сей разсказъ очаро-

ватѣленъ. Виргилій умѣетъ кстати усладить постороннимъ обстоятельствомъ, искусно связаннымъ съ главнымъ предметомъ — таковы Эпизоды въ Георгикахъ Орфей и Эвридика, въ Энеидѣ Низусъ и Эвріалъ. А нѣжность, доброта? Каждой стихъ близокъ сердцу, каждой стихъ драгоцѣнность для души чувствительной. Гейне, знаменитый ученый, признается, что, читая Виргилія, онъ примѣчалъ перемѣну въ чувствованіяхъ своихъ. Вотъ какъ любезной Римской Поэтъ описываетъ нѣжнаго отца, Эвандра, разлучающагося съ сыномъ своимъ Паллантомъ:

„At vos, o superi, et divûm tu maxime
                    rector,
„Jupiter, Arcadii, quaeso, miserescite regis,
„Et patrias audite preces. Si numina vestra
„Incolumem Pallanta mihi, si fata reservant,
„Si visurus eum vivo et venturus in unum—
„Vitam oro; patiar quemvis durare laborem.
„Sin aliquem infandum casum, Fortuna,
                  minaris —
„Nunc, o nunc liceat crudelem abrumpere
                  vitam:
„Dum curae ambiguae, dum spes incerta
                  futuri;
„Dum te, care puer, mea sera et sola vo-
                  luptas,
„Complexu teneo, gravior ne nuntius aures
„Vulneret." — —

Изображеніе характеровъ, составляющихъ Эпопею, есть дѣло Философіи; Омиръ, столь превосходный въ этой части, есть Поэтъ - Философъ. Изъ него всѣ Писатели заимствовали предметы свои. Сколько лицъ въ Илліадѣ, и всѣ онѣ отличны одно отъ другаго. Агамемнонъ, Аяксъ, Діомидъ Герои; но одинъ величественъ, другой запальчивъ, третій тердъ и рѣшителенъ. Несторъ и Улиссъ оба Вити; но одного Красноречіе сладостно, другаго убѣдительно. Гекторъ и Ахиллесъ отличаются предъ всѣми доблестью воинскою; оба чувствительны къ дружбѣ Сія черта нѣжности еще болѣе возвышаетъ характеръ Героя; надобно, чтобъ въ великомъ мужѣ примѣтны были и слабости: тогда мы болѣе полюбимъ его; мы охотно прощаемъ слабости въ другихъ, какъ и въ самихъ себѣ. Іоаннъ въ Россіадѣ Хераскова во всѣхъ добродѣтеляхъ полу - богъ; отъ того сей Герой не привязываетъ къ себѣ.

Мы замѣтили прежде, что наблюденіе человѣческаго сердца есть настоящее занятіе мудреца. Ничто столько не плѣняетъ насъ, какъ открытіе новаго изгиба сердечнаго. Древніе, повторю, любили Философію, любили наблюдать Природу и человѣка: отъ того ихъ сочиненія, заключающія исторію нравовъ и характеровъ, безсмертны.

Расположеніе Эпопеи чрезвычайно важно. Это дальній путь, какъ говорятъ, по которому Поэтъ ведетъ насъ то чрезъ мѣста пріятныя, то чрезъ утесы, стремясь безпрестанно къ извѣстному концу. Сіи утесы въ Эпопеѣ есть то, что называютъ чудеснымъ. Тамъ, гдѣ дѣйствуютъ Герои и Полубоги, могутъ случиться такія происшествія, которыхъ начало и конецъ принадлежатъ силѣ сверхъестественной. Таково въ Россіадѣ явленіе зимы среди знойнаго лѣта.

Эпопея, какъ преданіе знаменитаго происшествія, должна исполнять душу читателя удивленія, возбуждать благородное чувство добродѣтели. Кто не знаетъ, что это колоссальныя изображенія Героевъ? Но и онѣ полезны для сердца. Мы, читая Эпопеи, походимъ въ чувствованіяхъ своихъ на тѣхъ странствователей, которые изумляются пирамидамъ Мемфиса. И можно ли видѣть Героевъ изъ такой отдаленности, изъ-за нѣсколькихъ рядовъ столѣтій, если бы сіи Герои не были представлены колоссами?

———

Изобразите описываемые характеры дѣйствующими: вы получите

Драматическое сочиненіе. Въ жизни встрѣчаются съ нами обстоятельства или обыкновенныя, или важныя и трогательныя: потому Драматическую Поэзію раздѣляютъ на Комедію и Трагедію; одна возбуждаетъ смѣхъ, другая извлекаетъ слезы.

Чтожъ составляетъ основаніе смѣшнаго и печальнаго? — Всѣ характеры добрые и злые, холодные и чувствительные происходятъ отъ одного начала; но какъ много ихъ оттѣнковъ. Очень часто мы видимъ, надъ чѣмъ одинъ плачетъ, другой то осмѣиваетъ; древніе замѣтили это, и представили подъ эмблемою Демокрита и Гераклита.

Напомню объ источникѣ всѣхъ дѣйствій нашихъ добрыхъ и злыхъ, великихъ и малыхъ — *о самолюбіи*. Доброта или порокъ сей страсти зависятъ отъ перваго впечатлѣнія, отъ направленія ея. Верхолетъ и Танкредъ дѣйствуютъ по одной и той же страсти; но въ одномъ любовь къ себѣ отъ дурныхъ привычекъ сдѣлалась смѣшною; въ другомъ она посвящена пользѣ ближняго — и отъ того почтенна. За первымъ слѣдуетъ стыдъ, презрѣніе, смѣхъ: за другимъ, какъ за добродѣтелью, злоба, ненависть, состраданіе. Первый вездѣ встрѣчаетъ обманъ, другой препятствія. Чтожъ

можно назвать *началомъ смѣшнаго?*
Обманутое самолюбіе. — Печальнаго?
— Самолюбіе, гонимое злобою. Про-
стакова, занятая дворянствомъ, на-
дутая имуществомъ, начинаетъ учить
сына. Чего можно ожидать отъ не-
вѣждъ? Сынъ учится у дурныхъ людей
лѣниво, становится упрямъ, золъ. Это
воспитаніе довершается выборомъ въ
учители — когожъ? — Вотъ что самъ
о себѣ говоритъ Вральманъ:

„Что дѣлать! не я первой, не я и
„послѣдній. Три мѣсяца въ Москвѣ
„шатался безъ мѣстъ, кучера нигдѣ
„не надобно: пришло мнѣ либо съ го-
„лоду умереть, либо идти въ учите-
„ли.“ — —

Это самая рѣзкая черта невѣже-
ства въ Простаковыхъ: взять въ на-
ставники возлюбленнаго сына — Враль-
мана. И это дѣлаетъ та, которая
признавалась:

„Одна моя забота, одна моя отрада,
„Митрофанушка. Мой вѣкъ прохо-
„дитъ; его готовлю въ люди.“

Чтобъ выбрать предметы для Ко-
медіи, стоитъ только со вниманіемъ
смотрѣть на смѣхъ. Тутъ вы увидите
обманутаго честолюбца, каковъ Хва-
стунъ; обманутаго сребролюбца, каковъ
Гарпагонъ; обманутое невѣжество,
каковы Простаковы; обманутую влюб-

чивость — таковы большею частію Комедіи.

Трудность сего сочиненія состоитъ въ расположеніи — оно вездѣ главный предметъ. Надобно, чтобъ первыя слова лицъ обнаруживали ихъ характеръ. Простакова въ самомъ началѣ показываетъ безумную любовь къ сыну и злобное сердце. Простаковъ только является, и всякой видитъ въ немъ первостатейнаго глупца. Въ Комедіи бываетъ множество намѣреній; но завязка и развязка основываются на одномъ главномъ обстоятельствѣ. Въ Недорослѣ Простаковы, Скотининъ, Милонъ — всѣ желаютъ исполненія своихъ намѣреній; всѣ они другъ другу противорѣчатъ.

Если бы произшествіе не имѣло препятствій, оно не столько было бы занимательно. Препятствія тѣмъ лучше, чѣмъ неожиданнѣе, и притомъ въ то самое время, когда ожидаешь развязки.

Ни одно лице не должно являться безъ нужды; ни одного положенія не можетъ быть безъ причины. Зритель хочетъ, чтобъ ему совершенно удовлетворили и отдали отчетъ въ каждомъ явленіи. Ошибки сего рода встрѣчаются въ Коцебу.

Характеръ Комедіи бываетъ различной, смотря по характеру народа. Недоросль не можетъ имѣть столько успѣха на Французскомъ театрѣ, гдѣ о такомъ невѣжествѣ не слыхано. Напротивъ Мольеровъ Мизантропъ не слишкомъ нравился Рускимъ, при всей отдѣлкѣ главнаго характера. Въ Комедіи остается вѣчною сатирическая ея часть на пороки или слабости, общія всякому времени и всякому народу.

Комедія не все смѣшитъ; она иногда прямо научаетъ. Глупость еще примѣтнѣе передъ лицами благоразумными. Таково лице Стародума: его глубокія наблюденія надъ сердцемъ человѣческимъ поучительны. Вотъ рѣзкое изображеніе гонимой добродѣтели:

„Дурное расположеніе людей недо-
„стойныхъ почтенія не должно быть
„огорчительно. Знай, что зла никогда
„не желаютъ тѣмъ, кого презираютъ;
„а обыкновенно желаютъ зла тѣмъ,
„кто имѣетъ право презирать. Лю-
„ди не одному богатству, не одной
„знатности завидуютъ; и добродѣ-
„тель также своихъ завистниковъ
„имѣетъ.“

Такихъ превосходныхъ мыслей въ Фон-Визинѣ множество. Это Философъ Писатель; правда, что слогъ его не слишкомъ чистъ для нашего времени; но проницательнымъ и тонкимъ умомъ онъ безсмертенъ.

Р 2

Глубочайшее познаніе человѣка видно особенно въ Трагедіи. Здѣсь все въ колоссальномъ видѣ, но все трогательнѣе, нежели въ Эпопеѣ, которая довольствуется возбужденіемъ удивленія. Трагедія, по словамъ Аристотеля, должна очищать нравственность. Въ самомъ дѣлѣ плакать о нещастной добродѣтели, радоваться при ея торжествѣ, значитъ быть самому добродѣтельнымъ.

Спрашиваютъ, какія лица принадлежатъ Трагедіи? Иные хотятъ выводить однихъ только Царей, вельможей; но сила страстей не во всякомъ ли состояніи одинакова? Коцебу многими удачными опытами доказалъ это. — Какія страсти представлять надобно? — Большею частію выводится любовь; впрочемъ писатели великіе показали примѣръ, что Трагедія и безъ любви можетъ быть трогательна. Таковъ Софокловъ Эдипъ и Филоктетъ, Расиновa Гоеолія и Меропа, Вольтеровъ Магометъ, Аддисоновъ Катонъ, Шиллеровъ Фіеско.

Три единства — дѣйствія, времени и мѣста — предписаны разсудкомъ для того, чтобъ вниманіе было устремлено на одинъ предметъ, и чтобъ его не развлекали перемѣны ни времени, ни мѣста. Одинъ только безпорядокъ можетъ возражать противъ сихъ правилъ опытности.

Важнѣйшій предметъ Поэта состоитъ въ томъ, чтобъ не только поддержать характеръ, но безпрестанно возвышать его. Можно иногда на нѣсколько времени успокоить душу зрителя, чтобъ послѣ болѣе погрузить ее въ горесть. Въ Танкредѣ расположеніе удивительное. Горесть Аменаиды безпрерывно увеличивается. Ей предлагаетъ руку Оросманъ — вотъ первый для нее ударъ. Отецъ Аржиръ огорчается ея непослушаніемъ — другая скорбь. Является Танкредъ — и тотъ, въ комъ думала она найти все, тотъ холоденъ — конечное бѣдствіе. Неизвѣстность съ обѣихъ сторонъ до самой развязки еще болѣе привязываетъ къ судьбѣ того и другаго. Герой-Танкредъ умираетъ за тѣхъ, кои изгнали его изъ отечества. Въ немъ Аменаида оплакиваетъ друга, Аржиръ достойнаго наслѣдника, рыцари героя, народъ спасителя. Вотъ драгоцѣнныя слезы. Этой неизвѣстности нѣтъ въ Димитріѣ Донскомъ Озерова; потому сія Трагедія, при чистотѣ слога, можетъ показаться незанимательною. Димитрій Донской и Ксенія увѣрены другъ въ другѣ отъ начала до конца; они не встрѣчаютъ столько препятствій,

какъ Танкредъ и Аменаида. Димитрій
Донской, если и дѣйствуетъ, какъ ге-
рой, то дѣйствуетъ по долгу своему;
а Танкредъ по одной великости души
своей.

Представить сильную страсть,
которой сердце не можетъ проти-
виться, бореніе двухъ разныхъ
страстей, страждущую добродѣтель
въ темницѣ или въ оковахъ, состра-
даніе столь любезное всякому, величе
души — вотъ предметы трагическіе,
вотъ источники печали, слезъ. Медея
Еврипида, оскорбленная измѣною, вон-
заетъ кинжалъ въ грудь невинныхъ
дѣтей своихъ, въ которыхъ она пора-
жаетъ Язона. Удивительное бореніе
чувствъ, нѣжности материнской и
обиженной гордости!

,,Ахъ, дѣти мои! почто обращаете
,,вы взоры свои на меня? почто улы-
,,баетесь вы въ послѣдній разъ? Боги!
,,что повелите мнѣ? Любезныя по-
,,други! сердце мое цѣпенѣетъ, когда
,,устремляются на меня сіи взоры
,,невинности. . . Нѣтъ — я не могу
,,противиться.'' — —

Удивляются, отъ чего намъ пріят-
но плакать въ Трагедіи. Это воп-
росъ тѣхъ, которымъ неизвѣстны сіи
драгоцѣнныя слезы, проливаемыя

какъ жертва любви къ себѣ подоб-
ному.

——————

До сихъ поръ мы ходили по обшир-
ной художественной галлереѣ: отда-
димъ себѣ отчетъ, что мы замѣтили.
Всякое сочиненіе есть или описаніе
природы, или изображеніе человѣка.
Чтобъ описаніе и изображеніе были
вѣрны, *чтобъ въ точности подра-*
жать изящной природѣ, должно хо-
рошо наблюдать ее; всѣ сужденія,
правильныя и ложныя, *зависятъ отъ*
первыхъ впечатлѣній на чувства, или
отъ понятій. Чѣмъ болѣе мы видимъ,
читаемъ, слышимъ, тѣмъ обширнѣе
умъ; потому что *всѣ сужденія наши*
суть сравненія предметовъ, знаніе
ихъ взаимныхъ отношеній. Если мно-
го предметовъ мы наблюдали и замѣ-
чали ихъ отношенія, тогда и заклю-
ченія ума справедливы. Мы отличаемся
другъ отъ друга, скажу словами Вейса,
горизонтомъ умственныхъ взоровъ, или
сферою размышленій. Простой чело-
вѣкъ, не мыслящій, судитъ обо всемъ
по тому времени, въ которомъ онъ
живетъ; почитаетъ вѣрными тѣ толь-
ко понятія, которыя получилъ отъ
предковъ. Философъ, человѣкъ про-
свѣщенный, объемлетъ въ сравненіяхъ
или сужденіяхъ своихъ вселенную,

исторію всѣхъ народовъ; онъ взвѣши-
ваетъ причины ихъ щастія и бѣд-
ствій, наблюдаетъ мысли великихъ
людей изо всѣхъ странъ и вѣковъ —
изъ сихъ сокровищъ уже извлекаетъ
новое цѣлое.

Находясь между разными людьми
и въ разныхъ обстоятельствахъ, мы
видимъ предметы какъ бы въ разныхъ
стеклахъ: удивительно ли, что столь-
ко предразсудковъ и заблужденій! Всѣ
умствованія двадцати или болѣе вѣ-
ковъ называетъ Лейбницъ inventa nova
antiqua. И это справедливо. Философія
въ Декартѣ встрѣчаетъ стариннаго
любимца своего Гераклита, Эпикуру
слѣдуетъ Гоббесъ, Платону Лейбницъ,
Пиррону Бель, Аристиппу Гюмъ, Пар-
мениду Спиноза, Аристотелю, Зено-
ну и Хризиппу Баконъ, Локкъ и Кон-
дильякъ. — Когожъ выбрать за обра-
зецъ? — *Первая и конечная истина*
въ Философіи есть: „Опытность
„основаніе и совершенствованіе всѣхъ
„познаній (*)." Всѣ науки составля-
лись послѣ нѣкоторыхъ опытовъ. Въ
Краснорѣчіи были прежде Омиры, Иро-
доты, Софоклы, наблюдавшіе природу
и человѣка. Послѣ Аристотель, Лонгинъ,
Квинтиліянъ, удивляясь ихъ произве-

(*) Локкъ. Essay on hum. underst. I. II. Ch. 1.
par. 2.

денiямъ, положили *правиломъ подра-
жать* имъ, или *изящной природѣ*,
которую они первые похитили — по-
дражать, говорю, если хотимъ нра-
виться. Это есть законъ вкуса, или
ума, образованнаго опытами.

*Умъ и даръ слова нераздѣльны;
также нераздѣльно и совершенствова-
нie ихъ.* Произведенія Поэтовъ или
Ораторовъ Философовъ дѣйствуютъ
на добродѣтель, на щастіе человѣка.
Благородное чувство, душа высокая
остается довольна собою, когда видишъ
сходство свое съ великими характера-
ми, изображенными въ Красnorѣчіи.
Сколько было примѣровъ, что во мракѣ
уединенія, когда человѣкъ бываетъ
всѣми оставленъ, когда хладная рука
судьбы тяготѣетъ надъ нами и при-
водитъ сердце въ ужасное оцѣпенѣнie,
когда мы проливаемъ слезы и никто
не раздѣляетъ съ нами горести нашей:
тогда становимся утѣшителемъ Пи-
сатель, или Поэтъ, или Ораторъ
Философъ. Вы претерпѣваете зависть,
гоненія, злобу — утѣшьтесь: смотри-
те на судьбу Декарта, съ такою ду-
шею изображенную Томасомъ. Потом-
ство говоритъ за всѣхъ Геніевъ, что
произведенія истины, добродѣтели и
совершенства безсмертны. Двѣ тыся-

чи лѣтъ отдѣляютъ насъ отъ Сокра-
товъ и Платоновъ; но Краснорѣ-
чіе соединяетъ съ ними — оно возвы-
шаетъ насъ надъ всѣмъ обыкновен-
нымъ и приближаетъ къ тому свя-
тилищу, въ которое входятъ люди,
созерцавшіе величіе и славу Творче-
скую въ Природѣ и человѣкѣ; — къ свя-
тилищу, въ преддверіи коего сіяетъ
надпись: *Безсмертію*. Нещастный пла-
ватель, претерпѣвшій всѣ ужасы гро-
зной бури на пространномъ морѣ, из-
хищенный судьбою изъ рукъ алчной
смерти, выходя на брегъ, благословляя
небеса за спасеніе, изображаетъ на
скалѣ жребій свой, желая принести
симъ пользу собратамъ странникамъ:
то же дѣлаютъ для насъ Поэты и Ора-
торы - Философы. Ты справедливъ,
чувствительный Мудрецъ Женевскій:
C'est un grand et beau spectacle de voir
l'homme sortir en quelque manière du néant
par ses propres efforts.

XXXI.

БАСНИ.

I.

Дерево и птицы.

Въ пустой степи, въ часъ лѣтня зноя,
Вѣтвисто дерево, кругомъ бросая тѣнь,
Манило всѣхъ къ себѣ пернатыхъ для покоя.
Слетѣлись птички — чтожъ? Перемѣнился
день,

    Все стадо ихъ затрепетало,
Густой туманный мракъ небесной сводъ
            затмилъ,
    Ударилъ громъ — и дерево упало.
Но скоро и гроза прошла — а птичекъ нѣтъ...
Увидя дерево безъ листьевъ и сухое,
    Онѣ направили полетъ
        Подалѣ на другое.
                *
Друзья и у людей до чернаго лишь дня.

                Василій Вердеревскій.

Медвѣдь и Обезьяна.

Однажды въ жаркой день
Подъ деревомъ густымъ Медвѣдь легъ от-
дохнуть;
Извѣстно, братья ихъ вѣдь любятъ и
соснуть.
Пріятна тѣнь
Взманила и его къ покою.
Но не успѣлъ еще и глазъ своихъ сомкнуть,
Какъ вдругъ увидѣлъ онъ Мартышку надъ
собою,
Котора по сучьямъ и внизъ и вверхъ скакала
И легкостью своей Медвѣдя удивляла.
„Не ужъ то у одной у ней нога легка?
Дай попытаюсь я прыгнуть не съ высока;
Вѣдь въ этомъ нѣтъ бѣды“ — Медвѣдь такъ
разсуждаетъ,
И съ словомъ симъ,
Махнувъ хвостомъ своимъ,
На дерево влѣзаетъ.
„Ну вотъ и я достигъ желанья своего;
Теперь недостаетъ мнѣ только одного —
Прыгнуть на ближній сукъ.“ — Прыгнулъ...
сукъ обломился,
И бѣдный Мишенька на землю повалился.
*
За чѣмъ же не въ свои садился, Миша, сани.

М. Философовъ.

XXXII.

ПОКАЯНІЕ, ИЗЪ ИСАІИ.

Я зрѣлъ, какъ дней моихъ свѣтило
Померкло бурями страстей:
Теперь какъ полдень озарило,
Узрѣлъ своихъ я западъ дней.
Смерть надо мной шумитъ крылами
И кроетъ мрачными тѣнями
Всѣ прежни радости мои;
И ночью окруженъ ужасной —
Я призывалъ къ себѣ напрасно
Давно протекши быстры дни. —

Твоей десницей, Всемогущій!
Гремящій громъ меня разитъ,
И смерти гласъ на судъ зовущій
Кликъ шумныхъ радостей глушитъ.
Свѣтило дней моихъ ..... .
Но Ты лишь рекъ, его не ст.....
Померкнулъ блескъ щастливыхъ дней!
Какъ листъ отъ древа отдѣленный,
Свирѣпой бурей унесенный —
Такъ я несусь во мракъ тѣней.

Какъ тигръ алкающій и лютый
Свою добычу ярый рветъ,
Такъ ни единой мнѣ минуты
Печаль покою не даетъ — —
Я зрю, невинная какъ жертва
Окровавленна пала мертва,

О ней я день и ночь въ слезахъ;
Ее равняю я съ собою —
И трепещу — не зрю покою,
Какъ голубь ястреба въ когтяхъ. —
Такъ воплемъ, плачемъ утомленный,
Свое нещастье я писалъ,
Слезами взоры омоченны
Къ Тебѣ, о Боже! устремлялъ.
Когда мерцалъ день за горою,
Взывалъ я: „черна ночь! съ тобою
Меня покроетъ вѣчна тѣнь;"
Когдажъ являлось дня свѣтило —
Вѣщалъ: „ты жизнь всѣмъ возвратило,
„А мнѣ послѣдній жизни день." —
Душа омрачена тѣнями,
Потухъ и огнь въ крови моей.
Ахъ, сжалься, — Боже! надъ слезами,
Продли моихъ остатокъ дней. —
Творецъ! я зрю — Твоей рукою
Ты бездны скрылъ, что предо мною
Зевъ черный разверзали свой;
Твоей, о Боже! вѣчной силой
Познáлъ, что тамъ, тамъ — за могилой
Есть вѣчно щастье и покой. —
И пусть во мнѣ зрятъ всѣ созданья
Твои щедроты, о Творецъ!
Низпосылалъ Ты наказанья,
Чтобъ дать блаженство наконецъ.
Щастливъ тотъ смертный, что съ Тобою
Стремится къ вѣчному покою,
Оставя міра блескъ сего,
Къ Тебѣ всѣ мысли устремляешь,

Души блаженства обрѣтаетъ
Въ терзаньи тѣла своего.

Чтобъ смертны вѣчно сохраняли
Святой Завѣтъ въ душѣ своей,
Къ Тебѣ съ раскаяньемъ взывали —
Ты продолжаешь нить ихъ дней;
Твои дѣла неизреченны,
Въ сердцахъ ихъ будутъ сохраненны
И съ ними вмѣстѣ не умрутъ.
Насъ не сразишь своей смертъ силой, —
Твои щедроты за могилой —
Безсмертье, слава вѣчна — ждутъ.

А я отъ горькаго страданья,
Творецъ! избавленный Тобой,
Всѣмъ возвѣщу, что покаянье
Есть ѳиміамъ души святой.
Пойду во храмы я священны
Воспламенить сердца невѣрныхъ —
Къ Тебѣ любовью да горятъ;
Тебѣ, Творецъ всея вселенны!
Днесь посвящаю дни блаженны —
Какъ должно жить — всё пусть узрятъ.

Егоръ Познанскій.

~~~~~~~~

XXXIII.

НРАВОУЧИТЕЛЬНЫЯ МЫСЛИ Ж. Ж. РУССО.

Смертные! повергнитесь передъ Создателемъ и въ бренности своей внемлите велѣніямъ Его.

Богъ есть начало всего: Его могущество — безпредѣльно; Его мудрость — вѣчна; Его благость — несказанна.

Коснется ль перстомъ свѣтилъ небесныхъ — и великія свѣтила совершаютъ свѣтозарное теченіе. —

Воспаритъ ли на крыліяхъ вѣтра — и Его воля исполняется.

Его десница излила во всѣ творенія гармонію, пріятность и красоту. —

Не взываетъ ли вездѣ гласъ Божественныя мудрости; — но разумъ человѣческій ослѣпленъ; онъ не въ силахъ внимать Ему.

Смертный! не Всевышняго ли ты твореніе? Не Онъ ли далъ тебѣ землю для обитанія? Твои способности — даръ благости Его; твое богатство — щедрота Его; твое благоденствіе — Его благотворительность.

И такъ внимай гласу Зиждителя, — и сердце твое да будетъ Ему подвластно; покорность раждаетъ миръ и тишину.

Человѣкъ! познай самого себя, проникни душу свою и разсмотри, для чего ты сотворенъ. —

Испытывай свои мысли, безчисленныя нужды и различныя обстоятельства, которымъ ты подвластенъ. — Сіе испытаніе, какъ лучь свѣта, будетъ тебѣ сопутствовать въ жизни. —

Да будетъ благоразуміе отверзать уста твои; ибо единое слово можетъ разрушить спокойствіе твое. —

Ты хочешь говорить: не говори легкомысленно, ибо языкъ твой подобенъ вихрю; — и каждое слово, тобою произнесенное, уже невозвратимо. —

Ты хочешь дѣйствовать: не предпринимай ничего безразсудно: — мы часто не предвидимъ, какъ съ крутаго берега ввергаемся въ глубокій ровъ. —

Скромность есть изящное покрывало добродѣтели; — она возводитъ на степень славы. —

Каждой проходящій день — уже пролетаетъ невозвратно, и можетъ быть смерть предшествуетъ наступающему утру; а потому съ пользою проводи и самую скоропреходящую минуту — пожалѣй о ея концѣ — и при-

C

готовляйся для той, которая приближается. —

Эта минута — твоя, но другая сокрыта въ безднѣ будущаго; знаешь ли, что она принесетъ съ собою?

Да будетъ разстояніемъ между намѣреніемъ и исполненіемъ его — одно мгновеніе; — не откладывай до вечера того, что можешь сдѣлать утромъ.

Возстань, о человѣкъ! изъ бреннаго существованія, вознеси душу свою — и оправдай назначеніе свое.

Воззри на сей дубъ, который устрашаетъ и досягаетъ своими вѣтвями облаковъ: не былъ ли онъ желудь, сокрытый въ нѣдрахъ земли?

Будь бережливъ, но не будь корыстолюбивъ; да послужитъ сіе для отдохновенія твоего въ вечеръ жизни, къ которой ты приготовляешься; благоразумный путешественникъ! пользуйся драгоцѣннымъ временемъ.

Опасность, бѣдствія, нужда, трудъ и бѣдность бываютъ болѣе или менѣе участію человѣка.

Нещастное младенчество! твои оружія — бодрость и терпѣніе: симъ только побѣдишь бѣдственный жребій, тебѣ опредѣленный. —

Не забывай, что земля не есть твое обиталище, на которой Предвѣчный назначилъ тебѣ пребываніе: — Онъ

видишъ всѣ изгибы сердца твоего, зна-
етъ суетность намѣреній твоихъ — и
часто по единому милосердію Своему
отвергаетъ моленія твои.

Въ какомъ бы ты состояніи ни
былъ, не найдешь совершеннаго бла-
женства; истинное благополучіе со-
стоитъ въ чашѣ, къ которой уста
смертнаго не могутъ прикасаться!

Внемлите — благоразуміе воскли-
цаетъ: щастливъ, кто внимаетъ со-
вѣтамъ моимъ; истинно щастливъ,
кто согласуется съ сердцемъ своимъ. —

Илар. Васильев.

~~~~~~

C.

XXXIV.

ГОРАЦIЕВА САТИРА.

Людскія жалобы и роптанья.

Скажи мнѣ, Меценатъ, гдѣ щастли-
вихъ сыскать?
Никто здѣсь участью своею не доволенъ —
Избралъ ли самъ ее, иль рокъ судилъ из-
брать;
Во всемъ завистники... Сколь щастливъ,
сколь покоенъ
Торгующій купецъ! — такъ воинъ говоритъ,
Израненный въ бояхъ, покрытый сѣди-
нами,
Не знаетъ брани онъ, не отягченъ трудами.
А тотъ, когда его корабль волной раз-
битъ —
Щастливыми зоветъ военныхъ: чтожъ? сра-
зятся —
И часъ рѣшитъ судьбу: иль смерть, иль
веселятся.
Судья завидуетъ довольству селянина:
То ль дѣло, говоритъ, служить у господина;
А я... блестящій Фебъ не выйдетъ изъ мо-
рей —
Ужъ истцы ждутъ меня — стучатся у две-
рей —

Но по дѣламъ когда идешь въ Римъ се-
    лянинъ,
Долины мирныя и поле оставляешь:
И онъ себя, какъ всѣ, нещасцнымъ на-
    зываешь,
Блаженъ, онъ думаетъ, лишь только гра-
    жданинъ.
Такъ недовольны всѣ; такъ всякой, другъ
    мой, мыслитъ:
Но всѣхъ и говорунъ нашъ Фабій не изчи-
    слишъ.
    Что еслибъ жители небесъ внимали имъ—
И вдругъ сказали бы: пожалуй — будь ты
    воинъ,
Купецъ — а ты, судья, ступай къ во-
    ламъ своимъ — —
Ахти — всѣ струсили — и всякой сталъ
    доволенъ. — —
Не въ правѣ ли отецъ прогнѣванный боговъ,
Насупя черну бровь, громами грозно гря-
    нуть
И симъ завистникамъ сказать изъ облаковъ,
Что боги ихъ мольбамъ внимать уже не
    станутъ?
Но шутки въ сторону — смѣяться не
    годится;
Хоть правду смѣючись и можно бы ска-
    зать;
Случается, дѣтей учители манятъ
Сначала пряникомъ, чтобъ грамотѣ учи-
    ться;
Но полно — впрямь пора о дѣлѣ говоришь.

Спроси ихъ всѣхъ — судью и сел-
нина,
Купца, и воина, и въ Римѣ гражданина,
О чемъ хлопочутъ всѣ? Чтобъ было чѣмъ
прожить,
Чтобъ въ старости трудовъ плодами на-
сладиться,
Вотъ ихъ отвѣтъ: — не мы одни — и
муравей
Что сможетъ, все тащитъ въ запасъ для
черныхъ дней;
Предвидя, что запасъ зимою пригодит-
ся. —
Все такъ — да муравей, коль осень на-
ступаетъ,
Идетъ въ свою нору, тамъ ждетъ его
покой; —
А васъ отъ золота ничто не отвраща-
етъ:
Ни море, ни огонь, ни хладъ, ни лѣтній
зной.
На что же копите? чтобъ всѣхъ богаче
быть,
Чтобъ злата въ сундукахъ всѣхъ болѣ на-
копить —
Что пользы въ этомъ вамъ? — Ахъ! жал-
кіе — сбираютъ
Всѣ деньги, и на нихъ крехтятъ и возды-
хаютъ!
Что, что богачь, ворчишь? „не долго
нищимъ быть!“

Какаяжъ радость въ томъ, что денегъ
           цѣлы кучи? —
Хоть тысячи сноповъ ты будешь моло-
           тить —
Но больше ли меня ты съѣшь? За чѣмъ
           же мучишь
Себя — ты жалкой рабъ — и тотъ когда
           несетъ
Съ плодами ль, съ хлѣбомъ ли тяжелую кор-
           зину,
То вѣрно барскаго ни крошки не возьмешь...
Не все ль равно тому, спокойно кто жи-
           вешь,
Иль нивы пашетъ онъ, иль только деся-
           тину? —
Ты скажешь: изъ мѣшка большаго лучше
           брать?
Мнѣ былъ бы лишь мѣшокъ — большаго не
           желаю;
Мой закромъ житницамъ твоимъ предпо-
           читаю;
Безумно лишняго изъ жадности желать!
Вотъ странно — нужно вамъ вдругъ жа-
           жду утолить —
Уже ли ручейкомъ не будете довольны —
И побѣжите пить туда, гдѣ моря вол-
           ны? — —
Вы море въ алчности готовы осушить.
Есть ненасытные и въ свѣтъ скрягъ до-
           вольно,
Которые прельстясь богатствами, твер-
           дятъ —

Безъ денегъ худо жить — по деньгамъ все
цѣнятъ. —

Такъ люди мучатся вѣкъ цѣлый добро-
вольно —

Кто виноватъ — пусть такъ останутся
навѣкъ.

Въ Аѳинахъ скряга былъ богатый
человѣкъ,

Который говорилъ, презрѣвъ всѣ поно-
шенья :

,,Пусть всѣ смѣются мнѣ — а я отъ во-
схищенья

,,Въ ладоши бью себѣ ; какъ сладостно до-
мой

,,Придти — сѣсть на мѣшки, звѣнящіе
ганзой !“ . . .

Такъ жаждущій Танталъ воды хлебнуть
стремится . . . .

Чему смѣетесь вы ? объ васъ здѣсь гово-
рится —

Объ васъ, завистники — вы, лежа на
мѣшкахъ,

Разиня жадный ротъ, сокровища храните,

Любуясь ихъ красой; и ночью вы не спите,

Боясь, чтобъ не пришелъ воръ, страшный
скрягѣ врагъ.

Пусть крадетъ — знаешь отъ богатства
употребленье:

Коль есть насущный хлѣбъ — есть все мнѣ
наслажденье.

Я ночью не хочу надъ деньгами дѣвать,

Толь дѣло сладостно въ безпечности по-
спать.

А занеможешь вдругъ болѣзнію какою;
Не правда ль деньги тутъ потребны для
покою —
Лѣкарства ли купить, или взять лѣкарей,
Чтобъ возвратить себя роднымъ, семьѣ
своей!
— Бѣдняжка! ни жена, ни сынъ твой не
желаютъ
Здоровья твоего — ни другъ твой, ни
сосѣдъ —
Не удивляйся! — всё лишь деньги почи-
таютъ —
Въ тебѣ, что пользы имъ? имъ лучше
твой обѣдъ.
Но полно ссориться — поговоримъ съ
тобою —
Ну, скряга, не пора ль оставить все копить —
Вѣдь денегъ множество — и не пойдешь
съ сумою;
Трудился — накопилъ, и время опочить. —
Ахъ! скряга мой зѣвнулъ — нѣтъ, толку
не добиться —
Всё точно, какъ и онъ, не могутъ насы-
титься,
Всегда завидуютъ другимъ, судьбѣ чужой;
Всякъ ропщетъ на свою — всякъ чахнетъ
и болѣетъ,
Что больше молока сосѣдъ его имѣетъ;
А бѣдныхъ, страждущихъ не видишь за
собой — —

T

И нѣтъ ни одного, ктобъ прожилъ вѣкъ
            спокойно,
И кто бы въ новый міръ безпрепенно
            предсталъ;
Нѣтъ точно, Меценатъ — — но мнѣ
            болтатъ довольно —
Подумаютъ, что я Криспина обокралъ. —

                        Е. Познанской.

~~~~

XXXV.

ДОВОЛЬСТВО И СПОКОЙСТВІЕ.

Довольство и покой! чувствительныхъ отъ-
рада!
Что сладостнѣй твоей любезной тишины?
Обитель скромная смиренному — награда!
Въ весельи, въ радости текутъ тамъ мир-
ны дни.
Въ ней все, чѣмъ можетъ быть щастливъ
уединенный,
Нѣтъ злата у него, огромныхъ нѣтъ па-
латъ;
Но щедрою рукой Природы награжденный,
Дарами онъ ея и въ хижинѣ богатъ.
Весной живится все — ручьи здѣсь протека-
ютъ;
Какія всюду взоръ прельщаютъ красоты!
Тамъ тучныя стада съ нагорной высоты
Веселыя бѣгутъ, безпечныя играютъ;
За ними пастыри съ подругами идутъ,
И гласы звонкіе свирѣлей ихъ несутся.
Тутъ въ рощѣ соловьи Природѣ гимнъ
поютъ,
И въ глубинѣ лѣсовъ ихъ трели отдаются.
Тамъ шумный водопадъ, съ свирѣпой бы-
стротой,
Свергаясь яростный съ утесистой вершины,
Ревешъ — и падая, окрестныя долины,
Разсыпавшись, кропитъ жемчужною росой.—

Т 2

А съ лѣтомъ новыя веселья прилетаютъ;
Тутъ поспѣваетъ хлѣбъ; онъ зритъ тогда
въ поляхъ,
Какъ волны нивъ златыхъ несутся — из-
чезаютъ,
И новы ихъ ряды являются въ глазахъ.
Иль въ знойные часы, полуденной порою,
Подъ сводъ развѣсистыхъ древесъ уединясь,
Вкушаетъ тамъ покой подъ тѣнію густою,
Ни грозныхъ бурь страстей, ни бѣдствій
не страшась.
Когда же мрачная зима уже настанетъ,
Пустыя нивы снѣгъ пушистый завалитъ,
Замолкнетъ въ рощѣ хоръ, хладъ съ бурами
нагрянетъ,
И воды быстрыя въ оковы заключитъ:
Тогда онъ въ хижинѣ убогой, но покойной,
Отъ страшныхъ непогодъ убѣжище найдетъ,
И въ радости, съ семьей своей всегда доволь-
ной,
Средь дружбы и любви дни мирно проведетъ.
Блаженъ, кто, мирное любя уединенье,
Проводитъ жизнь свою вдали отъ суеты,
Смиряетъ пагубныхъ страстей своихъ вол-
ненье,
Кому не вѣчно льстятъ обманчивы мечты;
Отрадно жизнь течетъ, какъ токъ въ лугу
покойной,
Онъ, съ чистой совѣстью самимъ собой
довольной,
Не ищетъ почестей и знатности пустой,
Но бѣдствіе дѣлитъ съ нещастнымъ, съ сиро-
той.

И солнце утромъ онъ съ веселіемъ встрѣ-
                                                    чаетъ,
Ему лучи его вновь радости дарятъ;
Вечерняя заря ему изображаетъ
Щастливыхъ дней его — щастливѣйшій
                                                    закатъ.

                    Н. Бобрищевъ-Пушкинъ.

~~~~~~

XXXVI.

НѢКОТОРЫЯ ЧЕРТЫ СВѢТСКОЙ ЖИЗНИ.

Изъ Массильіона.

Вы спрашиваете, что есть свѣтская жизнь? Это вѣчное рабство, гдѣ никто не живетъ для себя, и гдѣ, чтобъ жить щастливо, должно лобызать оковы свои и любить невольничество. Міръ есть цѣпь произшествій, возбуждающихъ въ сердцахъ печальныя страсти, ужасную ненависть, робкое сомнѣніе, алчную зависть; это страна злословія, гдѣ самыя удовольствія носятъ съ собою отраву, гдѣ игры утомляютъ, разговоры наводятъ скуку, страсти убиваютъ. Міръ есть мѣсто, въ которомъ самая надежда, почитаемая пріятнѣйшею страстью, дѣлаетъ людей нещастными, и гдѣ люди, лишенные надежды, почитаютъ себя еще болѣе нещастными; гдѣ все, что нравится, нравится не надолго и гдѣ скука есть обыкновенное назначеніе человѣка.

Нѣтъ ничего постояннаго въ мірѣ — ни цвѣтущаго благоденствія, ни искренней дружбы, ни блистательной славы, ни завидной довѣренности; тамъ одни возвышаются, другіе ниспадаютъ; ежедневно новые Герои низвергаютъ тѣхъ, которые нѣкогда блистали.

Люди провождаютъ жизнь свою въ предпріятіяхъ и начинаніяхъ. Они всегда готовы обмануть или избѣжать обмана — всегда въ заботахъ умѣютъ пользоваться нещастіемъ или смертію ближнихъ своихъ.

Суетность, самолюбіе, мщеніе, роскошь, сладострастіе, ненасытная алчность къ богатствамъ — вотъ добродѣтели, которыя уважаются въ свѣтѣ; вотъ добродѣтели, къ которымъ свѣтъ влечетъ послѣдователей своихъ. Справедливость почитается простотою, лукавство достоинствомъ; даръ слова не есть уже истолкователь сердца — онъ — личина его.

Если бы мы могли войти въ тайныя свѣтскія заботы и мрачныя безпокойства; если бы мы могли проникнуть завѣсу, представляющую очамъ нашимъ только радости, удовольствія, пышность, великолѣпіе: то увидѣли бы противное — увидѣли бы однихъ нещастныхъ. —

В. Сафоновичъ.

~~~~~~~~~

XXXVII.

БОССЮЭТОВО ИЗОБРАЖЕНIЕ

Принца Конде.

Что произошло съ душею его? Какой свѣтъ возблисталъ надъ нею? Какой незапный лучь озарилъ облако и какъ бы изчезъ въ сiю минуту съ оцѣпенѣнiемъ чувствъ, мракомъ и если смѣю сказать, священнымъ мерцанiемъ вѣры? Что же содѣлались тогда блистательныя титла, насъ прельщающiя? Съ пришествiемъ столь прекраснаго дня и столь величественнаго свѣтила, какъ быстро изчезли всѣ мечты свѣта! Какъ омрачился блескъ славной побѣды! да презрятъ сiю славу, ослѣпляющую смертныхъ! Прiидите, народы, прiидите, Князи и вельможи, и вы, судiи вселенной, и вы, отверзающiе намъ врата небесныя, и вы, высокiе потомки Монарховъ великихъ, свѣтила народа, нынѣ помраченныя скорбiю, какъ восходомъ мрачной тучи; прiидите узрѣть остатки столь Августѣйшаго рожденiя, толикаго величiя, толикой славы. Обратите окрестъ взоры ваши; вотъ все, чѣмъ величіе и благочестіе можеть почтить Героя: пишла, надписи, суетныя изображенія шого, чшо уже не существуеть; изображенія, кошорыя, кажется, рыдаюшь вокругь гробницы; и пла̀нная гореспть, уносимая временемь, споллы, возносящіе до небесь величественное доказашельство нашего ничтожества, и ничего не досшаеть вь сихь почестяхь — — кромѣ шого, кому мы воздаемь оныя.

И шакь восплачте о сихь бренныхь осшашкахь жизни человѣческой, оплачьте гореспное безсмершіе, воздаваемое Героямь; но приближшесь вы, сь шоликою ревносшію прошекающіе поприще славы, мужи храбрые и неусшрашимые! Кшо быль досшойнѣе повелѣвать вами? и вь комь вы находили военачальника превосходнѣйшаго? И шакь оплачте сего великаго полководца, и рыдая скажите: вошь Герой, сь кошорымь проходили мы опасносши! Онь образоваль юныхь полководцевь, кошорыхь его подвиги возвысили на первыя почесши воинскія. Самая шѣнь его могла бы еще одерживать побѣды: вь самомь успокоеніи имя его одушевляеть нась, а вмѣстѣ и вѣнчаеть намь: чтобы по смерши наслаждаться шрудами нашими и сь земнымь Царемь досшигнуть ко спасенію до небеснаго жилища, гдѣ должно служить Царю небесному. И такъ служите сему Царю безсмертному и столь милосердому; Онъ за единый вздохъ и за каплю воды, во имя Его данную, воздастъ болѣе, нежели сколько другіе, проливая за васъ всю кровь свою; щитайте ваши полезныя дѣянія съ того часа, когда вы посвятите себя Повелителю, столь благодѣтельному.

И вы не придете ли къ сему печальному памятнику, вы — говорю я — друзья мужа великаго? Всѣ вмѣстѣ, въ какой бы вы ни были у него довѣренности, окружите сей гробъ, пролейте слезы съ моленіями и, удивляясь въ толь великомъ Принцѣ дружбѣ снисходительной, запечатлѣйте въ сердцахъ вашихъ память Героя, котораго милость равнялась мужеству. Да будетъ вамъ пріятно воспоминать о немъ! Возвышайтесь въ его добродѣтеляхъ, и смерть его, вами оплакиваемая, да послужитъ вамъ утѣшеніемъ и примѣромъ.

А я, если позволено мнѣ будетъ, я послѣ всѣхъ пріиду воздать послѣдній долгъ сему гробу. О Принцѣ, достойный похвалъ и сѣтованій нашихъ! ты вѣчно будешь жить въ памяти моей; образъ твой будетъ въ ней начертанъ не съ тою дерзостію, которая всегда обѣщала намъ побѣду; нѣтъ, я не хочу видѣть въ тебѣ того, что истребляетъ смерть; ты будешь имѣть въ семъ образѣ черты безсмертныя; я узрю въ тебѣ, каковъ ты былъ въ послѣдній день жизни твоей подъ рукою Всевышняго, когда ты созерцалъ славу Его. Тутъ я узрю тебя величественнѣе, нежели при Фрибургѣ и Рокруа, и восхищенный толикимъ славнымъ торжествомъ, я произнесу въ ознаменованіе благодарности слова священныя: *Истинная побѣда, покоряющая вселенную, вѣра наша.*

Наслаждайся, Принцъ, сею побѣдою, наслаждайся безсмертною доблестію сей жертвы. Пріими послѣднія вѣщанія знакомаго тебѣ гласа. Ты положишь предѣлъ сему Слову. Вмѣсто оплакиванія смерти другихъ, великій Принцъ, я всегда буду научаться у тебя, да содѣлаю и себя праведнымъ: щастливъ, если, предупрежденный сими бѣлыми власами въ отчетѣ служенія моего сохраню стаду, которое долженъ питать ученіемъ Евангелія, остатки ниспадающаго голоса и погасающаго пламени.

Гавріилъ Поповъ.

~~~~~~~~~~~~~~~~~~~~~~~~~~~~~~~~~~~~~

XXXVIII.

ГИМНЪ.

О Ты, различныя носпцъ именованья,
Но власпію — Единъ; котораго алтаръ
Вселенная, Твоихъ всемощныхъ рукъ со-
                                       зданье!
Привѣтствую Тебя, Природы вѣчный Царь!

Сей чудный, дивный міръ, всечасно
                               нами зримый,
Сколь ни величественъ, сколь ни прекра-
                                   сенъ онъ,
Лишь слабый образъ Твой! — Дерзну ль,
                              Непостижимый,
Дерзну ль воспѣть Тебя, свяшымъ восшор-
                               гомъ полнъ?

По гласу Твоему, надъ нашими главами
Громада сихъ міровъ въ безмолвіи шечешъ.
Ты попираешь громъ могущими стопами;
Речешь, Творецъ — и въ прахъ вселенная
                               падешъ. —

Ни кедръ, ни слабый класъ, — ничшо
                         не прорастаешъ
Безъ благости Твоей, вселенныя Отецъ. —
Порокъ лишь безъ Тебя на свѣтъ произраж-
                               даетъ

Всѣ бѣдствія людей, изчадья злыхъ сер-
дець. —

Нещастные, они не знаютъ въ ослѣп-
леньи,
Что щастіе Творецъ въ Природѣ скрылъ
самой;
Но ищутъ почестей, богатствъ, увеселеній—
Прельщенные, увы! обманчивой мечтой . . .

О Царь Небесъ! воззри съ улыбкой уми-
ленья
На смертныхъ, красоту творенія всего!
Ужель имъ вѣчно быть во мракѣ заблу-
жденья? . . . . . .
Пролей, пролей на нихъ лучь свѣта Твоего!

Внуши въ нихъ къ истинѣ, къ добру одно
стремленье;
Да злоба въ ихъ сердцахъ пребудетъ ввѣкъ
мертва. —
Да воспылаетъ въ нихъ къ Тебѣ благоговѣнье,
Единый вѣрный путь къ престолу Боже-
ства!

В. Чюриковъ.

www.ingramcontent.com/pod-product-compliance
Lightning Source LLC
Chambersburg PA
CBHW080822250626
47160CB00008B/2830